こどものための実用シリーズ

たのしいうんどう

監修《かんしゅう》 平《ひら》尾《お》剛《つよし》

画《え》 たけなみゆうこ

朝日新聞出版

運動《うんどう》と聞《き》くと、まず学校《がっこう》の「体育《たいいく》」のことを
思《おも》い浮《う》かべるんじゃないかな？。

「体育《たいいく》」では、「できる」「できない」

という結果《けっか》ばかりに目《め》がいきがちだ。

ほかの人《ひと》と比《くら》べられることも多《おお》い。

でも運動《うんどう》はもともと、
「たのしくからだを動《うご》かす」ためのものだ。
大人《おとな》には、運動《うんどう》をしゅみとしてたのしんでいる人《ひと》も多《おお》い。
子《こ》どもだって同《おな》じではないかな？
運動《うんどう》を、ガマンしてやらされるのではなく、
わくわくする気持《きも》ちでたのしみたい。

運動《うんどう》の「たのしい」面《めん》に光《ひかり》を当《あ》てたのが、この本《ほん》だ。
読《よ》み進《すす》めながら、思《おも》わずからだを動《うご》かしてみたくなったら
「できるかどうか」は気《き》にせずに、とりあえず動《うご》いてみよう！

たのしくからだを動《うご》かしたくなる本《ほん》

もくじ

どうして運動《うんどう》をするの？ 8

運動《うんどう》が遊《あそ》びだったらいいのになぁ 15

1 「からだ」を強《つよ》くする 16

なぜ汗《あせ》をかくの？ 18

モットしりたい 汗《あせ》はなにからできている？ 19

運動《うんどう》するとなぜ呼吸《こきゅう》がはやくなる？ 20

筋肉《きんにく》はきたえたほうがいいの？ 22

モットしりたい 赤《あか》い魚《さかな》と白《しろ》い魚《さかな》 23

運動《うんどう》するとぐっすり眠《ねむ》れる？ 24

なぜ運動《うんどう》は健康《けんこう》にいいの？ 26

運動《うんどう》は頭《あたま》にもいい？ 28

かんがえてみよう おもしろいことっていつ思《おも》いつく？ 29

2 からだと心《こころ》はなかよし 30

キンチョーするとなぜカチコチになるの？ 32

ためしてみよう キンチョーしたときやってみよう 33

うれしいときにガッツポーズをするのはなぜ？ 34

からだを動《うご》かすとたのしくなる？ 36

ためしてみよう 心《こころ》を明《あか》るくするからだの動《うご》かし方《かた》 36

外《そと》で遊《あそ》びたくなるとき 38

からだはとってもかしこい 40

3 運動《うんどう》をたのしむ 42

運動《うんどう》はたのしくない／たのしい 44
できないことができたらたのしい 48
うまくなる道《みち》のりをたのしむ 50
からだの感覚《かんかく》をたのしむ 52
かんがえてみよう 感覚《かんかく》ってなんだろう? 53
運動《うんどう》を遊《あそ》びとしてたのしむ 54
勝《か》ち負《ま》けもたのしむ 56
かんがえてみよう 勝《か》っても負《ま》けても 相手《あいて》のことを考《かんが》えよう 57

4 自分《じぶん》のからだを知《し》る 58

変《か》わった歩《ある》き方《かた》をする 60
呼吸《こきゅう》に注意《ちゅうい》する 62
ためしてみよう 息《いき》を吐《は》きながら息《いき》を吸《す》う 63
まっすぐ立《た》つってどんなこと? 64
からだをやわらかくする 66
声《こえ》を出《だ》しながら動《うご》く 68

5 おどって遊《あそ》ぶ 70

なぜ人《ひと》はおどるのだろう? 72
いろんな気持《きも》ちをおどる 74
なりきっておどる 76
不安定《ふあんてい》なところでおどる 78
ためしてみよう おどりながら…… 79
みんなでおどる 80

6 走《はし》って遊《あそ》ぶ 82

人《ひと》はなんのために走《はし》るの? 84
ためしてみよう 土《つち》ふまずはある? 85
いろんなところを走《はし》ってみる 86
おもしろい走《はし》り方《かた》をする 88
どうしたらはやく走《はし》れる? 90
ためしてみよう とぶように走《はし》ってみよう 91
長《なが》く走《はし》るってたのしい? 92
遊《あそ》びながら走《はし》る 94

7 ジャンプで遊《あそ》ぶ 96

人《ひと》はなぜジャンプするの？ 98
いろんなジャンプをする 100
ヘンテコなジャンプで遊《あそ》ぶ 102
遊《あそ》びながらジャンプする 104
どうしたら高《たか》くジャンプできる？ 106
ためしてみよう ネコのジャンプをまねしてみよう 107
3回《かい》でどこまでジャンプできる？ 108
ためしてみよう 足指《あしゆび》ジャンケンをしてみよう 109
走《はし》ってジャンプする 110

8 ボールで遊《あそ》ぶ 112

いろんな投《な》げ方《かた》をする 114
ためしてみよう 大《おお》きいボールを投《な》げるには？ 115
どうしたらボールをうまく投《な》げられる？ 116
いろんなけり方《かた》をする 118
ためしてみよう 足首《あしくび》を固《かた》めて足《あし》の甲《こう》でける 119
どうしたらボールを強《つよ》くけれる？ 120
どうしたらボールをうまくとれる？ 122
ためしてみよう ボールをとれる範囲《はんい》がわかる？ 123
いろんなボール遊《あそ》び 124
モットしりたい 世界《せかい》のユニークな球技《きゅうぎ》 126

9 水《みず》のなかで遊《あそ》ぶ 128

人《ひと》はなぜ泳《およ》ぐの？ 130
水《みず》となかよくなる 132
ためしてみよう なにを言《い》っているでしょうか 133
水《みず》に浮《う》かんでみる 134
水《みず》にもぐって遊《あそ》ぶ 136
水《みず》のなかをまっすぐ進《すす》む 138
いろんな泳《およ》ぎをする 140
モットしりたい 昔《むかし》の日本人《にほんじん》の泳《およ》ぎ方《かた》 142

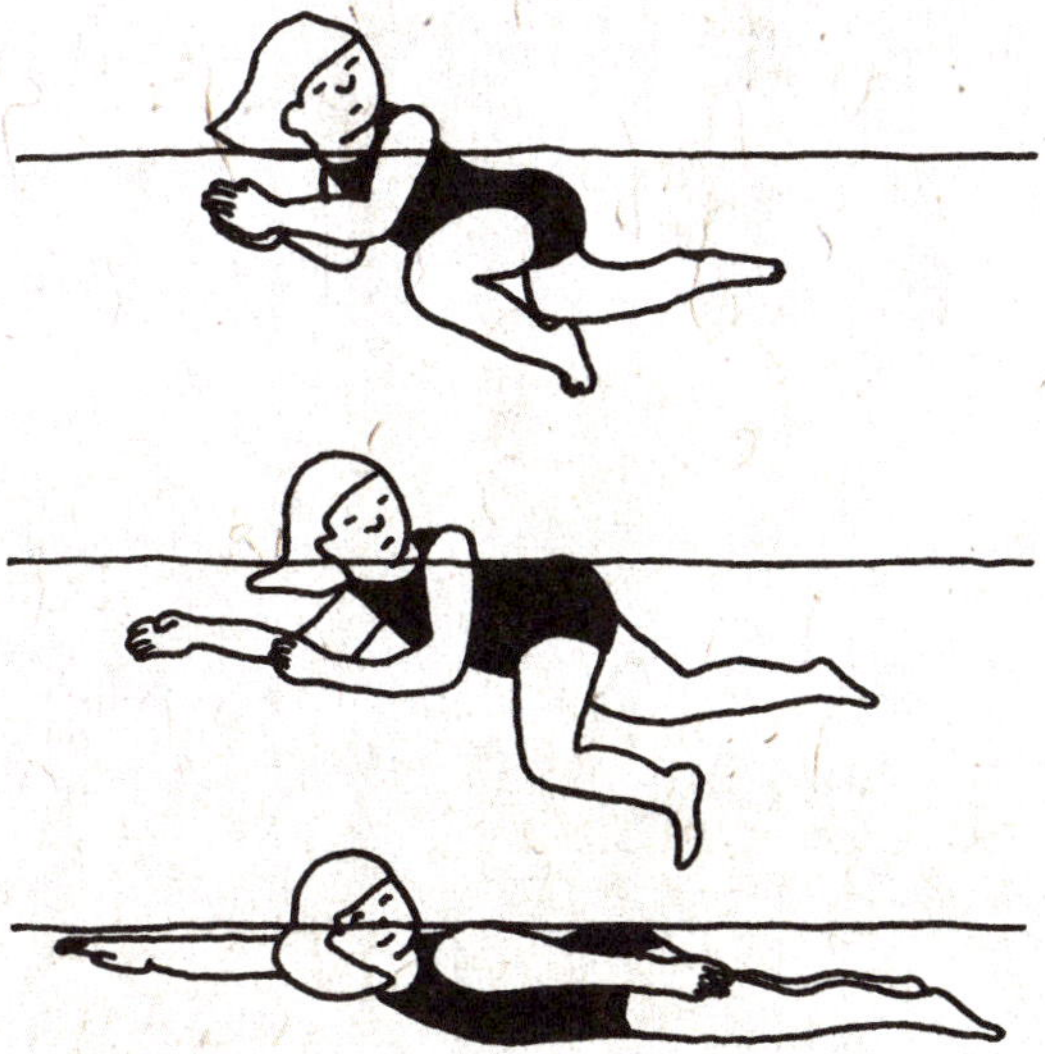

10 あたらしい運動《うんどう》を考《かんが》える 144

遊《あそ》びを考《かんが》える5つのヒント 146
ヒント1 2つの遊《あそ》びを合《あ》わせる 148
運動《うんどう》すごろく／ドッヂビー／二人三脚《ににんさんきゃく》サッカー
ヒント2 あたらしいルールを加《くわ》える 150
十字《じゅうじ》おに／片足《かたあし》すもう／うしろ走《はし》りリレー
ヒント3 いつもとちがうモノを使《つか》う 152
スリッパ卓球《たっきゅう》／ラグビーサッカー／くつとばしゴルフ
ヒント4 数《かず》を増《ふ》やす 154
ドッジボール／バドミントントン／かんかんけりけり
ヒント5 ルールを逆《さか》さまにする 156
1メートル走《そう》／だるまさんが逃《に》げた
ためしてみよう ハンデをつけて遊《あそ》ぼう 157

おまけ 運動《うんどう》から広《ひろ》がる大人《おとな》の世界《せかい》 158
おわりに 平尾《ひらお》剛《つよし》 167
参考《さんこう》にした本《ほん》 170

どうして運動《うんどう》をするの？

次《つぎ》は体育《たいいく》かぁ……。
体育《たいいく》って、ちょっと苦手《にがて》。
逆上《さかあ》がりもできないし、
とび箱《ばこ》もうまくとべない。
大《おお》なわとびとかリレーだったら、
みんなにめいわくがかかってしまう。
運動《うんどう》ができないって、なんだかはずかしい……。
なんで運動《うんどう》しないとダメなんだろう？

どうして、あの子《こ》は足《あし》がはやいんだろう？
どうして、ぼくは足《あし》がおそいんだろう？
生《う》まれつきなのかなぁ……。
それとも、なにかコツみたいなものがあるのかな。
はやく走《はし》れる子《こ》がうらやましい。
かっこいいし、みんなから人気《にんき》もある。
でも、足《あし》がはやいって、すごいことなの？
大人《おとな》になってからも、大切《たいせつ》なことなの？

そういえば、大人《おとな》には
たのしそうに運動《うんどう》している人《ひと》もいる。
どうして、わざわざつらいことを
するんだろう？
なんで、たのしそうなんだろう？
もっとおもしろいことはいっぱいあるのに……。
走《はし》るって、苦《くる》しいだけじゃないのかな？
運動《うんどう》するって、おもしろいことなのかな？
まるで遊《あそ》んでいるみたいに見《み》える。

運《うん》動《どう》が遊《あそ》びだったら いいのになぁ

休日《きゅうじつ》や放課後《ほうかご》は大好《だいす》き！
だって、いっぱい遊《あそ》べるから。
公園《こうえん》に行《い》けば、友《とも》だちもいっぱいいるしね。
今日《きょう》はなにをして遊《あそ》ぼう？
おにごっこ？　それともすべり台《だい》？
サッカーも、とってもたのしいよね。
あ、これも運動《うんどう》かも！　だって、からだを動《うご》かすから。
遊《あそ》びも体育《たいいく》も同《おな》じ運動《うんどう》なのに、なんでちがうんだろう？

1 「からだ」を強《つよ》くする

運動《うんどう》すると、からだが強《つよ》くなる。
でも、ただ力《ちから》が強《つよ》くなるだけではない。
みんなのからだには、いろんな力《ちから》がある。
その力《ちから》を目覚《めざ》めさせ、きたえていこう！
ところで、「からだの力《ちから》」ってなに？

病気《びょうき》に負《ま》けない力《ちから》

風邪《かぜ》など、病気《びょうき》になりにくい丈夫《じょうぶ》なからだをつくる。

力《ちから》が強《つよ》くなるだけではない!

生《い》きていくために必要《ひつよう》なからだの力《ちから》。いっぱい食《た》べて、いっぱい寝《ね》て、健康《けんこう》に成長《せいちょう》する力《ちから》でもある。よく食《た》べて、よく眠《ねむ》るのにも力《ちから》がいるし、からだが正《ただ》しくはたらくためには、バテない力《ちから》、汗《あせ》をかく力《ちから》なども大切《たいせつ》だ。

運動《うんどう》をすると、「からだの力《ちから》」を強《つよ》くしていける。それはなぜなのか、いっしょに考《かんが》えていこう。

汗《あせ》をかく力《ちから》

汗《あせ》は、からだの温度《おんど》を正《ただ》しく保《たも》ってくれる。

頭《あたま》を育《そだ》てる力《ちから》

運動《うんどう》は、集中力《しゅうちゅうりょく》、理解力《りかいりょく》、記憶力《きおくりょく》なども高《たか》める。

成長《せいちょう》する力《ちから》

心《こころ》とからだの成長《せいちょう》には、運動《うんどう》が大《おお》きく関係《かんけい》している。

眠《ねむ》る力《ちから》

夜《よる》にぐっすり眠《ねむ》ることで、健康《けんこう》なからだがつくられる。

食《た》べる力《ちから》

たくさん食《た》べたり、おいしく食《た》べたりすることも「からだの力《ちから》」。

バテない力《ちから》

肺《はい》や心《しん》ぞうをきたえて、疲《つか》れにくいからだをつくる。

なぜ汗《あせ》をかくの？

汗《あせ》をかいて、からだの温度《おんど》を保《たも》つ

運動《うんどう》をしていると、汗《あせ》をかく。たとえば、外《そと》で走《はし》りまわっていると、からだから汗《あせ》が出《で》てくるよね。

どうして汗《あせ》をかくのだろう？

からだは、いつもだいたい同《おな》じ温度《おんど》で保《たも》たれているけど、そのために汗《あせ》は大事《だいじ》なはたらきをしている。

汗《あせ》は、熱《あつ》くなりすぎたからだを冷《ひ》やしてくれる。だから、運動《うんどう》して体温《たいおん》が上《あ》がると汗《あせ》をかくんだ。

ちょっと思《おも》い出《だ》してほしい。暑《あつ》い夏《なつ》と寒《さむ》い冬《ふゆ》では、どっちのほうが汗《あせ》をかきやすい？

そう、夏《なつ》のほうだね。気温《きおん》が高《たか》いと、からだが熱《あつ》くなりやすいからだ。

すずしくなる ← 汗《あせ》をかく

いっぱい汗《あせ》をかけるからだになるためには、ふだんから運動《うんどう》をすることが大事《だいじ》だ。

いっぱい汗《あせ》をかいたら、水分《すいぶん》をとることも忘《わす》れないようにしよう。

汗《あせ》をかくと まだまだ走《はし》れる

運動《うんどう》をすると、つらくなる。もう走《はし》れないと思《おも》うほど苦《くる》しくても、汗《あせ》をかいてからだの温度《おんど》が下《さ》がると、少《すこ》しラクになる。そうすると、まだ走《はし》りつづけることができるよ。

モット しりたい

汗《あせ》はなにからできている?

みんなのからだに流《なが》れている血《ち》。その血《ち》から汗《あせ》はつくられている。だから汗《あせ》と血《ち》の成分《せいぶん》は、よく似《に》ているんだ。ちなみに涙《なみだ》も同《おな》じように血《ち》からつくられている。

汗《あせ》にはほんの少《すこ》し塩分《えんぶん》などが含《ふく》まれるけれど、ほとんどが水《みず》。だから汗《あせ》をかくためには、水《みず》を飲《の》むことが大切《たいせつ》なんだね。

運《うん》動《どう》するとなぜ呼《こ》吸《きゅう》がはやくなる？

運動《うんどう》するためには、酸素《さんそ》が必要《ひつよう》

走《はし》っていると、ふだんより呼吸《こきゅう》がはやくなるよね。全力《ぜんりょく》で走《はし》ると、「ハァハァ」と息《いき》が切《き》れるけど、それはなぜ？

運動《うんどう》することはからだを動《うご》かすことだけど、そのためにはエネルギーが必《ひつ》要《よう》。車《くるま》を動《うご》かすガソリンやテレビをつける電気《でんき》と同《おな》じように、からだを動《うご》かすには、エネルギーがいる。

そのエネルギーのひとつが酸素《さんそ》。つまり、空気中《くうきちゅう》の酸素《さんそ》を口《くち》や鼻《はな》から吸《す》いこまないといけない。

だから、運動《うんどう》をすると呼吸《こきゅう》がはやくなって、たくさんの酸素《さんそ》をとりこもうとするんだ。

呼吸《こきゅう》（肺《はい》）のはたらき

からだを動《うご》かすのに必要《ひつよう》な酸素《さんそ》を吸《す》いこみ、からだに不必要《ふひつよう》な二酸化炭素《にさんかたんそ》を吐《は》き出《だ》す。

心《しん》ぞうのはたらき

血液《けつえき》を全身《ぜんしん》に送《おく》りこむポンプ。酸素《さんそ》がとけこんでいる血液《けつえき》を送《おく》りこむことで、からだは動《うご》くことができる。

肺《はい》と心《しん》ぞうをきたえて バテにくいからだをつくろう

口《くち》や鼻《はな》から入《はい》ってきた酸《さん》素《そ》は、肺《はい》に送《おく》りこまれる。肺《はい》で、酸《さん》素《そ》は血液《けつえき》のなかにとけこむ。

酸《さん》素《そ》がとけこんだ血液《けつえき》は、からだのすみずみまで送《おく》りこまれる。そのためにポンプのやくわりをするのが心《しん》ぞうだ。

運動《うんどう》をすると、心《しん》ぞうがドクンドクンとはやくなるのは、がんばって酸《さん》素《そ》をからだのあちこちに届《とど》けようとしているから。

そんな大事《だいじ》な肺《はい》と心《しん》ぞうは、運動《うんどう》できたえることができる。運動《うんどう》をつづけていくと、肺《はい》と心《しん》ぞうはしだいに強《つよ》くなって、長《なが》く運動《うんどう》できるようになる。

運動《うんどう》には、バテないからだをつくるという目的《もくてき》もあるのだ。

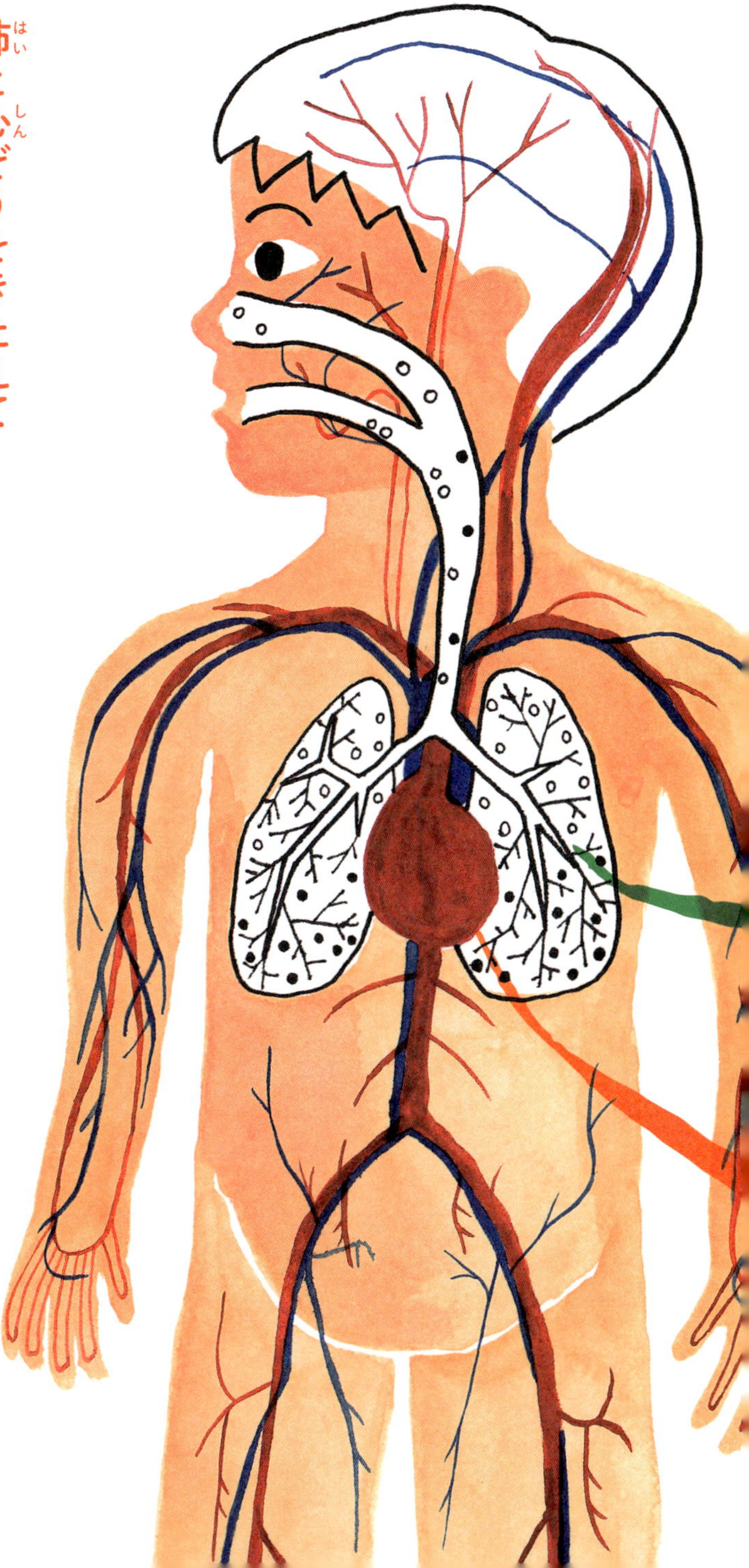

筋肉《きんにく》はきたえたほうがいいの？

筋肉《きんにく》はなぜあるの？

からだを動《うご》かすために必要《ひつよう》な筋肉《きんにく》。筋肉《きんにく》がなければ、わたしたちはからだを動《うご》かせない。それどころか、からだを支《ささ》えることすらできないだろう。骨《ほね》だけのガイコツは、動《うご》くことすらできないはずだ。

筋肉《きんにく》には、強《つよ》い筋肉《きんにく》とやわらかい筋《きん》肉《にく》の2つがある。

強《つよ》い筋肉《きんにく》は、瞬発力《しゅんぱつりょく》にすぐれている。すばやく動《うご》くための筋肉《きんにく》（速筋《そっきん》）だ。

やわらかい筋肉《きんにく》は、持久力《じきゅうりょく》にすぐれ、長《なが》くゆっくりとはたらく筋肉《きんにく》（遅筋《ちきん》）だ。

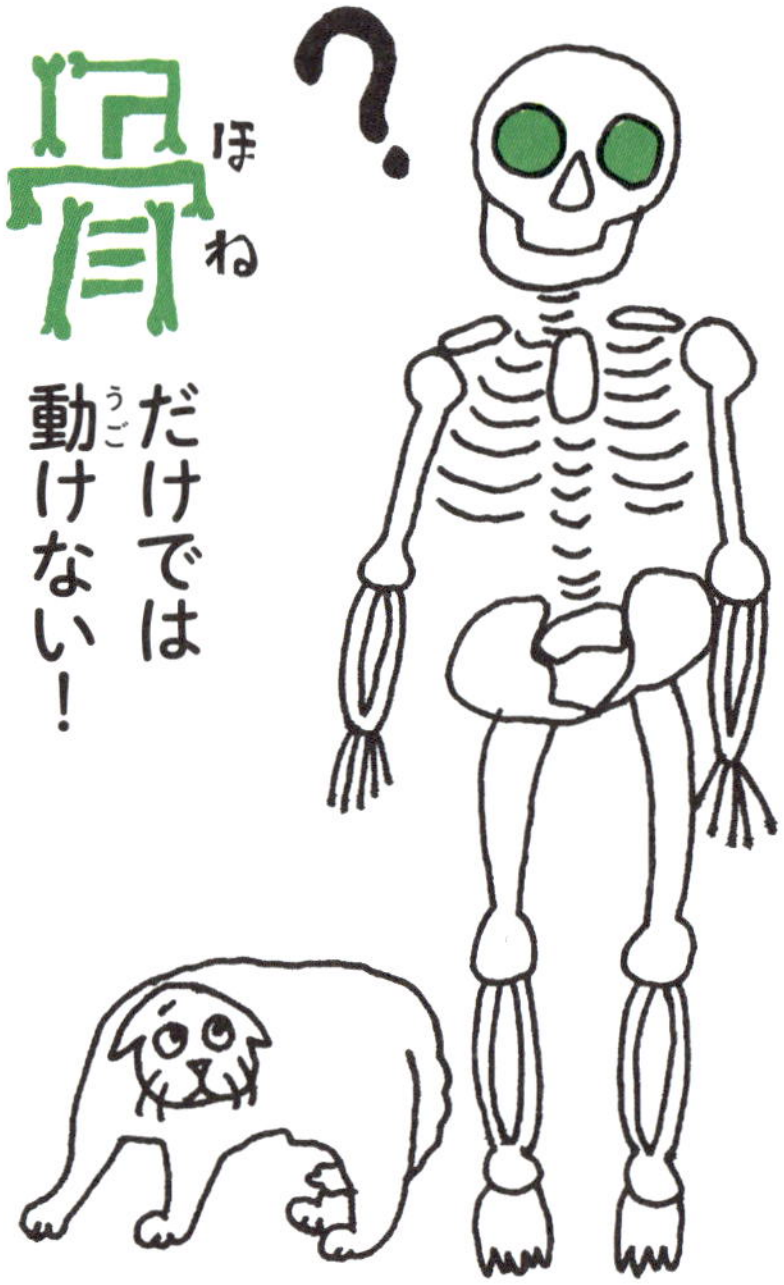

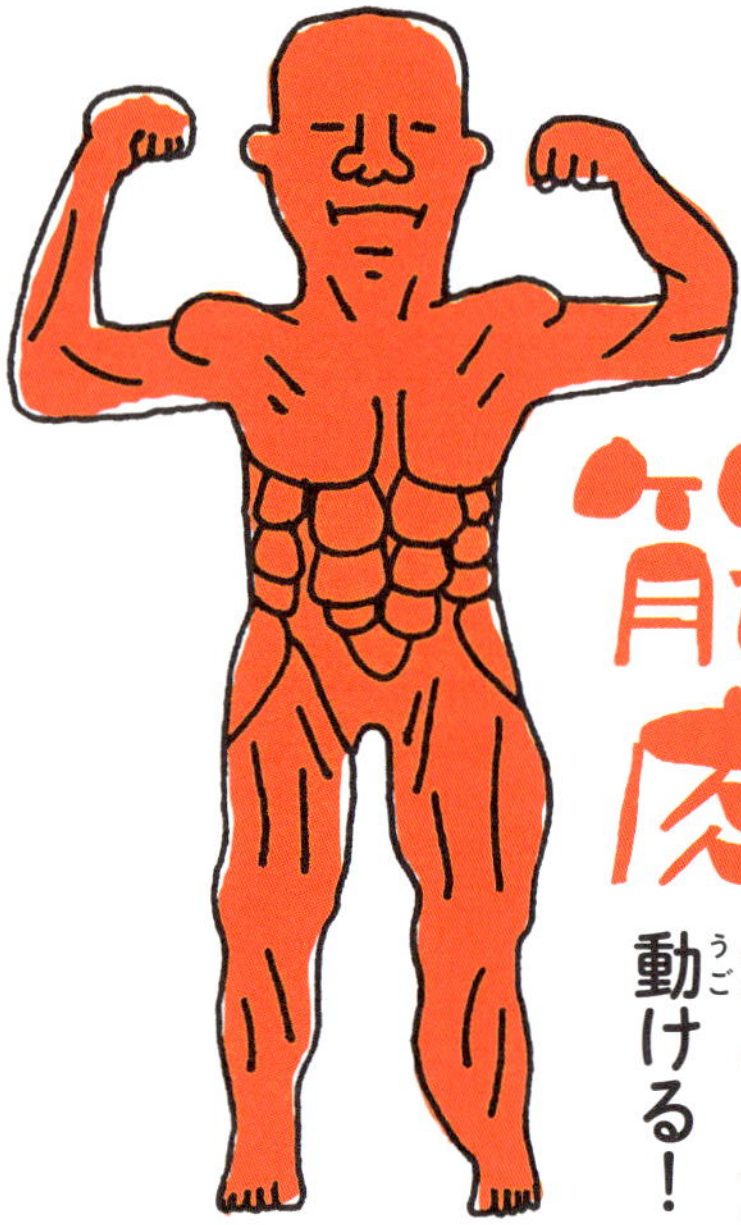

やわらかい力《ちから》も大切《たいせつ》だ

竹《たけ》は、強《つよ》い風《かぜ》がふいてもやわらかくしなるので折《お》れにくい。一方《いっぽう》、強《つよ》そうに見《み》えるかたい木《き》は、しなることができずに強《つよ》い風《かぜ》によって折《お》れてしまうことがある。

筋肉《きんにく》にとって大切《たいせつ》なのは、竹《たけ》のようなやわらかい力《ちから》。やわらかい筋肉《きんにく》によって、からだは疲《つか》れにくく、ケガもしにくくなる。逆《ぎゃく》に筋肉《きんにく》がかたくなると、ケガの原因《げんいん》になる。

とくに成長期《せいちょうき》である子《こ》ども時代《じだい》に、筋《きん》トレで筋肉《きんにく》をつけすぎると、からだの成長《せいちょう》がじゃまされてしまう。筋肉《きんにく》は、筋《きん》トレできたえるのではなく、日々《ひび》の運動《うんどう》できたえるくらいでじゅうぶんなのだ。

赤《あか》い魚《さかな》と白《しろ》い魚《さかな》

まぐろ 赤身魚《あかみざかな》 VS **ひらめ** 白身魚《しろみざかな》

まぐろ：長《なが》いきょりをゆっくり泳ぐので遅筋《ちきん》（赤筋《せっきん》）が発達《はったつ》している。

ひらめ：敵《てき》の攻撃《こうげき》からすばやく逃《に》げるために、速筋《そっきん》（白筋《はっきん》）が発達《はったつ》。

運《うん》動《どう》するとぐっすり眠《ねむ》れる？

成長《せいちょう》ホルモンってなに？

からだは、生《う》まれたときから成長《せいちょう》しつづけ大人《おとな》になっていく。そのために必要《ひつよう》なのが、成長《せいちょう》ホルモンとよばれる、その名《な》のとおり成長《せいちょう》をうながすホルモンだ。

からだのなかで成長《せいちょう》ホルモンがはたらくと、骨《ほね》が伸《の》びたり、筋肉《きんにく》が強《つよ》くなったりする。身長《しんちょう》が伸《の》びるのも成《せい》長《ちょう》ホルモンのおかげだ。

そのほかにも、集中力《しゅうちゅうりょく》を高《たか》めたり、病気《びょうき》に負《ま》けない力《ちから》(免疫力《めんえきりょく》)をつけるなどのやくわりが成長《せいちょう》ホルモンにはある。子《こ》どもから大人《おとな》まで、生《い》きていくために欠《か》かせないものだ。

寝《ね》ているあいだに成長《せいちょう》する

では、成長《せいちょう》ホルモンは、いったいいつはたらくのだろうか？

それは、寝《ね》ているとき。とくに、寝《ね》てから3時間《じかん》くらいまでによくはたらくと言《い》われている。「寝《ね》る子《こ》は育《そだ》つ」って言《い》うけれど、まさに寝《ね》ているあいだに、からだは大《おお》きくなっているんだ。

でも、ぐっすり眠《ねむ》らないと成長《せいちょう》ホルモンはきちんと出《で》てくれない。

昼間《ひるま》、ヘトヘトになるくらいしっかりからだを動《うご》かして、よく眠《ねむ》れるようにすることが大事《だいじ》。

ただし、寝《ね》る前《まえ》にはげしい運動《うんどう》をすると、からだが目覚《めざ》めてしまい、ぐっすり眠《ねむ》りにくくなるので気《き》をつけよう。

なぜ運動《うんどう》は健康《けんこう》にいいの？

脂肪《しぼう》が多《おお》すぎると病気《びょうき》になりやすい？

太《ふと》って見《み》えるのは、からだについた脂肪《しぼう》のせい。でも、脂肪《しぼう》にも大事《だいじ》なやくわりがある。

酸素《さんそ》といっしょに脂肪《しぼう》が燃《も》えることで、からだを動《うご》かすエネルギーがつくり出《だ》される。だから、脂肪《しぼう》がたりないとすぐに疲《つか》れてしまうし、外《そと》で思《おも》いきり遊《あそ》べなくなるかもしれない。

ただし、脂肪《しぼう》が多《おお》すぎると、からだにはよくない。病気《びょうき》になりやすくなってしまうからだ。無理《むり》にやせようとしなくても、いっぱい運動《うんどう》をすれば、余分《よぶん》な脂肪《しぼう》は減《へ》っていく。

病気《びょうき》に負《ま》けない からだをつくる

運動《うんどう》をすることで、病気《びょうき》に負《ま》けない元気《げんき》なからだになる。たとえば、運動《うんどう》をして体温《たいおん》が上《あ》がれば、血液《けつえき》の流《なが》れがよくなり、からだのなかに入《はい》ってきた悪《わる》いバイキンをやっつけてくれる。また、健康《けんこう》なからだをつくるためには、よく食《た》べて、よく寝《ね》ること。運動《うんどう》をすると、おなかが減《へ》るので、ごはんもいっぱい食《た》べられるよ。

心《こころ》の病気《びょうき》にも なりにくい

たのしく運動《うんどう》をすれば、明《あか》るい気《き》持《も》ちになれるので、悩《なや》みなんてどこかにとんでいってしまう。運動《うんどう》はストレス解消《かいしょう》にもいい。

運動《うんどう》は頭《あたま》にもいい？

頭《あたま》もからだの一部《いちぶ》！

運動《うんどう》は頭《あたま》の成長《せいちょう》にも大事《だいじ》だ。ちょっといがいに思《おも》うかもしれないけど、頭《あたま》もからだの一部《いちぶ》だから、ふしぎではない。

運動《うんどう》をするとからだ中《じゅう》の血液《けつえき》の流《なが》れがよくなるけれど、そこには脳《のう》も含《ふく》まれている。だから、頭《あたま》（脳《のう》の神経細胞《しんけいさいぼう》）を発達《はったつ》させてくれる。

運動《うんどう》をしたあとに勉強《べんきょう》をすると、いつもよりよく理解《りかい》できるという実験結果《じっけんけっか》もある。ものごとを理解《りかい》する力《ちから》、覚《おぼ》える力《ちから》がつくだけでなく、勉強《べんきょう》に集中《しゅうちゅう》できるようにもなる。

運動《うんどう》も勉強《べんきょう》も、どちらもたのしくできたらいいね。

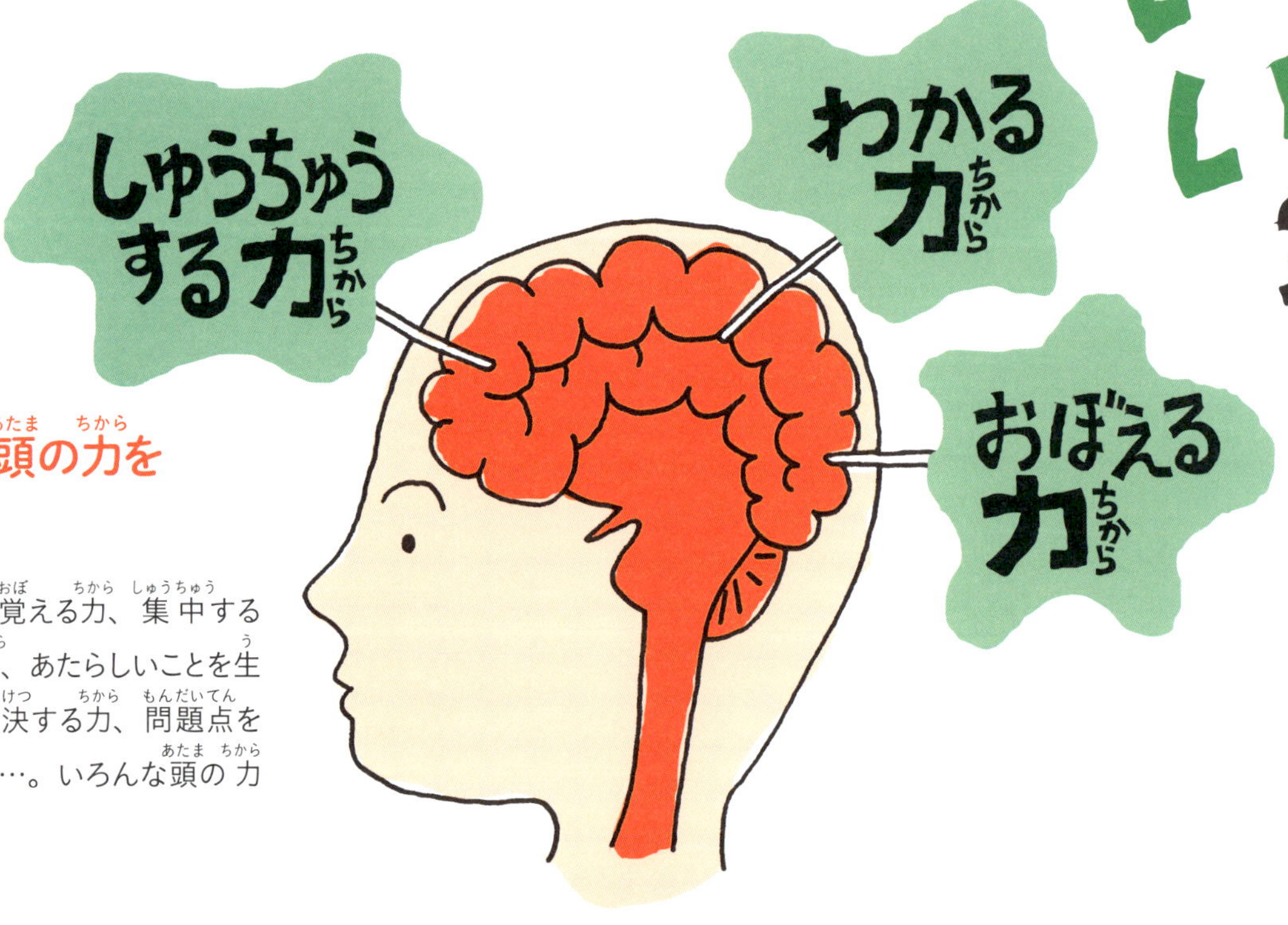

いろんな頭《あたま》の力《ちから》を高《たか》めよう

理解《りかい》する力《ちから》、覚《おぼ》える力《ちから》、集中《しゅうちゅう》する力《ちから》、考《かんが》える力《ちから》、あたらしいことを生《う》み出《だ》す力《ちから》、解決《かいけつ》する力《ちから》、問題点《もんだいてん》を見《み》つける力《ちから》……。いろんな頭《あたま》の力《ちから》をきたえよう。

おもしろいことっていつ思《おも》いつく?

有名《ゆうめい》な小説家《しょうせつか》、世界的《せかいてき》な研究者《けんきゅうしゃ》、ビジネスで活躍《かつやく》している社長《しゃちょう》さん……。そのなかには、運動《うんどう》を毎日《まいにち》の習慣《しゅうかん》にしている人《ひと》も多《おお》い。

なぜ、みんな運動《うんどう》するんだろう?

たのしいからという理由《りゆう》ももちろんある。でも運動《うんどう》をすることで、おもしろいアイデアが浮《う》かぶってこともあるんじゃないかな。

みんなは、どういうときに、おもしろいことがひらめくだろう?

歩《ある》いているとき?

歩《ある》いているときは、アイデアがひらめきやすい。頭《あたま》の回転《かいてん》がよくなるため、いろんなことを整理《せいり》して考《かんが》えられるからだ。

お風呂《ふろ》に入《はい》っているとき?

ゆっくりとお風呂《ふろ》に入《はい》っていると、おもしろいことをひらめくことがある。からだがリラックスしているからかもしれない。

寝《ね》る前《まえ》?

布団《ふとん》に入《はい》って目《め》をとじても、頭《あたま》がさえて眠《ねむ》れないときがある。そういうときは、自由《じゆう》な考《かんが》えがいろいろ思《おも》い浮《う》かんだりしない?

頭《あたま》をマッサージしたとき?

頭《あたま》をマッサージしてみる。頭《あたま》の筋肉《きんにく》がやわらかくなると、いがいとあたらしいことを思《おも》いつくかもしれないよ。

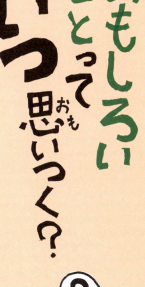

からだと心《こころ》はなかよし

2

心《こころ》ってどこにあるんだろう？
心《しん》ぞうにある気《き》もするし、頭《あたま》のなかにある気《き》もする……。
はっきり言《い》えるのは、どちらにしてもからだのなかにあること。
そう、心《こころ》もからだの一部《いちぶ》なんだ。
運動《うんどう》は心《こころ》にも影響《えいきょう》を与《あた》える。
運動《うんどう》と心《こころ》の関係《かんけい》を見《み》ていこう。

たのしいと運動《うんどう》が好《す》きになる?

心《こころ》はからだにどんな影響《えいきょう》を与《あた》えているのだろうか?

うれしいときに走《はし》ると、なんだかはやく走《はし》れるような気《き》がする。逆《ぎゃく》に、落《お》ちこんでいるときは、はやく走《はし》れる気《き》がしない……。

心《こころ》とからだの関係《かんけい》ってふしぎ。でも、心《こころ》とからだのつながりを知《し》ると、もっと運動《うんどう》が好《す》きになる。だって、心《こころ》がたのしいと、運動《うんどう》もたのしくなるから!

キンチョーするとなぜカチコチになるの？

心《こころ》のキンチョーはからだをかたくする

友《とも》だちから注目《ちゅうもく》されたり、運動会《うんどうかい》でお父《とう》さんやお母《かあ》さんから見《み》られていると、うまくからだが動《うご》かないことってあるよね。ガタガタと足《あし》がふるえることもあるかもしれない。

いつもできていたことも、なぜかうまくできない。それは、心《こころ》がキンチョーすると、からだの筋肉《きんにく》がかたくなってしまうから。「はずかしい」とか「失敗《しっぱい》したらどうしよう」と思《おも》ったとたんに、からだもいっしょにキンチョーしてしまう。

少《すこ》しのキンチョーもときには必要《ひつよう》だけど、ひどいキンチョーは運動《うんどう》にとってマイナスになるんだ。

ためしてみよう

キンチョーしたとき やってみよう

キンチョーしてしまうと、動《うご》くはずのからだもうまく動《うご》かなくなる。そんなときは、こんな方法《ほうほう》をためしてみよう！

1 息《いき》を大《おお》きく吐《は》く

息《いき》は吸《す》うときよりも、吐《は》くときのほうがリラックスできる。大《おお》きな声《こえ》を出《だ》すのも、大《おお》きく息《いき》を吐《は》くのと同《おな》じ効果《こうか》がある。

2 軽《かる》くからだを動《うご》かす

からだのキンチョーをほぐすために軽《かる》くからだを動《うご》かすのもいい。心《こころ》とからだはつながっているので、からだをほぐすと心《こころ》もほぐれてくるよ。

3 とにかくたのしむ

「失敗《しっぱい》したらどうしよう」ではなく、「とにかくたのしもう」という気《き》持《も》ちを大切《たいせつ》に。いつもどおりでなくていい。今日《きょう》できる自分《じぶん》の力《ちから》を「その日《ひ》どおり」に発揮《はっき》しよう。

うれしいときにガッツポーズをするのはなぜ？

気持《きも》ちとからだの関係《かんけい》

なにかいいことがあったとき、からだはどんなふうに反応《はんのう》するだろう？

たとえば、ドッジボールをしていて、自分《じぶん》のチームが勝《か》ったら、しぜんにとびはねて喜《よろこ》ぶんじゃないかな。思《おも》わず「よっしゃ〜！」と声《こえ》を出《だ》しながら、小《ちい》さくガッツポーズをするかもしれないね。

うれしいことがあったら、知《し》らないうちにからだが動《うご》く。喜《よろこ》びがからだからあふれている感《かん》じだ。

でも、もし負《ま》けてしまったら？　くやしいし、落《お》ちこむよね。下《した》を向《む》いてしまうかも。いやな気持《きも》ちになると、からだは動《うご》かなくなるんだ。

心《こころ》の状態《じょうたい》がからだに表《あらわ》れる

子《こ》どもは、喜《よろこ》びや悲《かな》しみ、つらさといった感情《かんじょう》がからだに表《あらわ》れやすい。でも、本当《ほんとう》は大人《おとな》も同《おな》じ。大人《おとな》だってうれしいことがあれば、心《こころ》のなかでとびはねているし、ガッツポーズもしているんだ。

動物《どうぶつ》も、心《こころ》の状態《じょうたい》がからだの動《うご》きに表《あらわ》れる。たとえばネコは、うれしいときはしっぽをピンと立《た》てるし、おどろいたり怖《こわ》かったりしたら、しっぽの毛《け》が逆立《さかだ》ってちょっと太《ふと》くなる。落《お》ちこんでいるときは、しっぽをだらんと下《さ》げる。

人《ひと》も動物《どうぶつ》だから基本的《きほんてき》には同《おな》じ。心《こころ》が喜《よろこ》んでいるときとそうじゃないときで、どんなふうにからだの動《うご》きが変《か》わるのか注目《ちゅうもく》してみよう。

からだを動《うご》かすとたのしくなる？

からだが心《こころ》にも影響《えいきょう》する

心《こころ》とからだがつながっているなら、逆《ぎゃく》にからだが心《こころ》にも影響《えいきょう》を与《あた》えるんじゃないだろうか。

たとえば、友《とも》だちとけんかしたり、テストの結果《けっか》が悪《わる》かったとき「ちょっといやだなぁ」と思《おも》ってしまうよね。でも、外《そと》で思《おも》いきり遊《あそ》んでいると、そんないやな気持《きも》ちが、いつの間《ま》にか消《き》えてなくなってしまっていた。そんなことってない？

そう、からだを動《うご》かしていると、なんだかたのしい気持《きも》ちになってくる。からだが喜《よろこ》べば、心《こころ》も喜《よろこ》ぶんだ。歌《うた》を歌《うた》っていると、たのしくなってくるのと同《おな》じだね。

心《こころ》を明《あか》るくする

からだの動《うご》かし方《かた》

無理《むり》をしてでも笑顔《えがお》をつくると、少《すこ》しずつ気持《きも》ちが明《あか》るくなる。明《あか》るい気持《きも》ちになれば、さらに笑顔《えがお》になれる。

つらいことや落《お》ちこむようなことがあったら、とにかくからだを動《うご》かしてみよう。少《すこ》しずつでも気《き》持《も》ちが明《あか》るくなってくるはず！

1 グーパーグーパーしてみよう

からだを丸《まる》めた状態《じょうたい》から、一気《いっき》にからだを広《ひろ》げる。広《ひろ》げる動《うご》きに合《あ》わせて、いやな気《き》持《も》ちをふきとばそう。

2 スキップをしよう

あまりスキップする気分《きぶん》ではないときでも、だまされたと思《おも》ってスキップをしてみて。ふしぎとたのしい気《き》持《も》ちになってくるよ。

3 おどってみよう

たのしいからおどるのもいいけど、たのしくなるためにおどるのもいい。おどっていると、いつの間《ま》にかたのしくなってくるもの。

4 全力《ぜんりょく》で走《はし》ろう

なにも考《かん》えずに全力《ぜんりょく》で走《はし》ると、もやっとした気《き》持《も》ちがスッキリしてくる。落《お》ちこんでいたのがバカバカしく思《おも》えてくるかもしれないよ。

外《そと》で遊《あそ》びたくなるとき

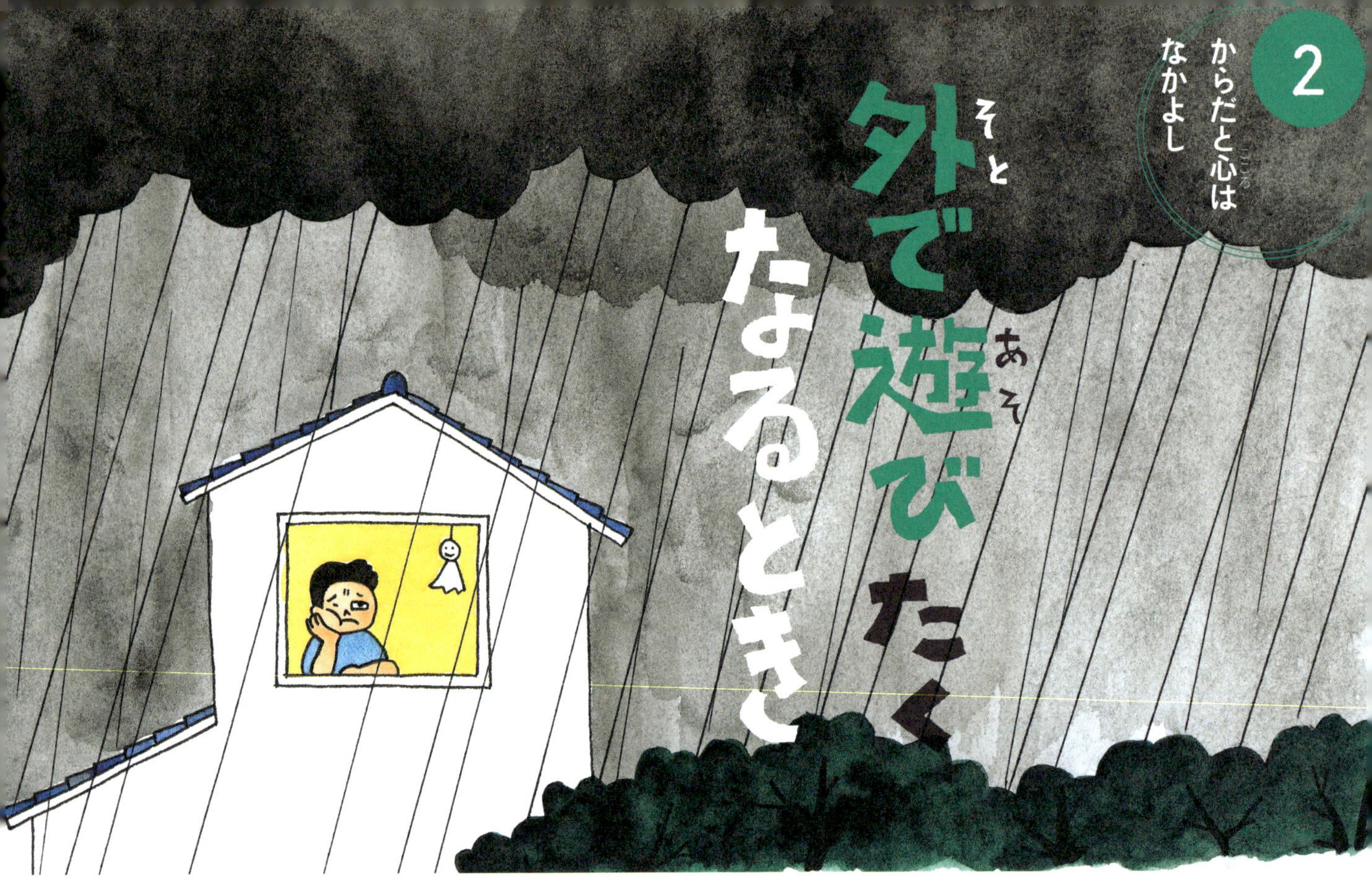

気《き》持《も》ちのいい天気《てんき》だと外《そと》で遊《あそ》びたくなる

「外《そと》で遊《あそ》ぼう！」と思《おも》わず家《いえ》をとび出《だ》したくなるときって、あるかな？　からだと心《こころ》はつながっているから、からだにとって「気《き》持《も》ちよく外《そと》で遊《あそ》べそう」かどうかは重要《じゅうよう》だ。

たとえば、どんよりくもっている日《ひ》と、ぽかぽかの太陽《たいよう》が出《で》ている日《ひ》では、どっちが外《そと》で遊《あそ》びたいだろう？

やっぱり晴《は》れている日《ひ》のほうが、からだを動《うご》かしやすそうだし、心《こころ》もウキウキして外《そと》に出《で》たくなるんじゃないかな。

春《はる》や秋《あき》など、寒《さむ》すぎず暑《あつ》すぎない季節《きせつ》も、しぜんとからだを動《うご》かしたい気《き》持《も》ちになるね。

友《とも》だちといっしょだともっとたのしい

とくに外《そと》でからだを動《うご》かす遊《あそ》びは、友《とも》だちといっしょのほうがたのしいよね。気《き》の合《あ》う友《とも》だちとなら、どこで遊《あそ》んだってたのしい。

どんなときに外《そと》でからだを動《うご》かしたくなる？

天気《てんき》や気候《きこう》がいいときだけでなく、ほかにも外《そと》で遊《あそ》びたくなるときはないだろうか？

友《とも》だちといっしょのときかもしれないし、学校《がっこう》からはやく帰《かえ》ってきたときかもしれない。ずっと家《いえ》にいて退屈《たいくつ》に感《かん》じているとき、宿題《しゅくだい》が終《お》わったときもそうかも。どうしてもしたい遊《あそ》びがあるときもだね。

「公園《こうえん》に遊《あそ》びに行《い》きたい！」と思《おも》ったら、そのときの心《こころ》とからだについてちょっとだけ考《かんが》えてみて。

からだはとってもかしこい

からだは頭《あたま》よりもかしこい？

ボーッとしながら階段《かいだん》をのぼっていると、もう一段《いちだん》、段差《だんさ》があるとかんちがいしてビックリしたことってないかな？

それは、からだが次《つぎ》の動《うご》きを予《よ》測《そく》してしぜんに動《うご》くから。そのおかげで、いちいち頭《あたま》で考《かんが》えなくても、からだをスムーズに動《うご》かせる。

また、ずっと勉強《べんきょう》していると、肩《かた》が痛《いた》くなることもある。それは「もうこれ以上《いじょう》、無理《むり》をしないで！」とからだがうったえているから。

からだは思《おも》っているよりもずっと、かしこいのかもしれないね。

もう一段階段《いちだんかいだん》があると思《おも》うと……

からだは、先《さき》を予測《よそく》して動《うご》く。からだは階段《かいだん》がつづいていると予《よ》測《そく》していたため、階段《かいだん》が終《お》わっていたことにビックリしたのだ。

ずっと座《すわ》っていると……

からだは、疲《つか》れてくるとサインを出《だ》す。長《なが》い時間《じかん》座《すわ》っていると、肩《かた》や腰《こし》に「疲《つか》れてきたよ〜」という合図《あいず》を送《おく》り、それが痛《いた》みになって表《あらわ》れる。

からだは ラクをしようとする

からだは、ずるがしこくもある。どんなに一生懸命《いっしょうけんめい》に歩《ある》いていても、長《なが》く歩《ある》いていると、しだいにからだにとってラクな歩《ある》き方《かた》になる。

それは、からだが「少《すこ》しでもラクをしたい」と思《おも》っているから。

ときには、からだの言《い》うことに耳《みみ》をすませて、どうすれば、からだがラクになるのか考《かんが》えてみよう。

まっすぐ立《た》つ

どんなにまっすぐ立《た》とうと思《おも》っていても、いつの間《ま》にかラクな立《た》ち方《かた》になってしまう。

歩《ある》く

うでを大《おお》きくふって、足《あし》を大《おお》きく上《あ》げて歩《ある》くのはしんどい。しぜんとラクな歩《ある》き方《かた》に変《か》わっていく。

座《すわ》る

三角座《さんかくずわ》り（体育座《たいいくずわ》り）よりも、あぐらのほうがからだにとってしぜん。お坊《ぼう》さんが長時間《ちょうじかん》坐《ざ》禅《ぜん》していられるのは、あぐらのおかげなんだ。

3 運動《うんどう》をたのしむ

運動《うんどう》が好《す》きな人《ひと》もいれば、きらいな人《ひと》もいる。
どうして運動《うんどう》が好《す》きなんだろう？
どうして運動《うんどう》がきらいなんだろう？
その理由《りゆう》がわかれば、もっと運動《うんどう》がたのしくなるはず。
そして、もっと運動《うんどう》が好《す》きになるはずだ。

新体操《しんたいそう》
すもう
シンクロナイズドスイミング
ボクシング
ラクロス
羽根《はね》つき
サッカー
バドミントン

運動《うんどう》はたのしい　たのしくない

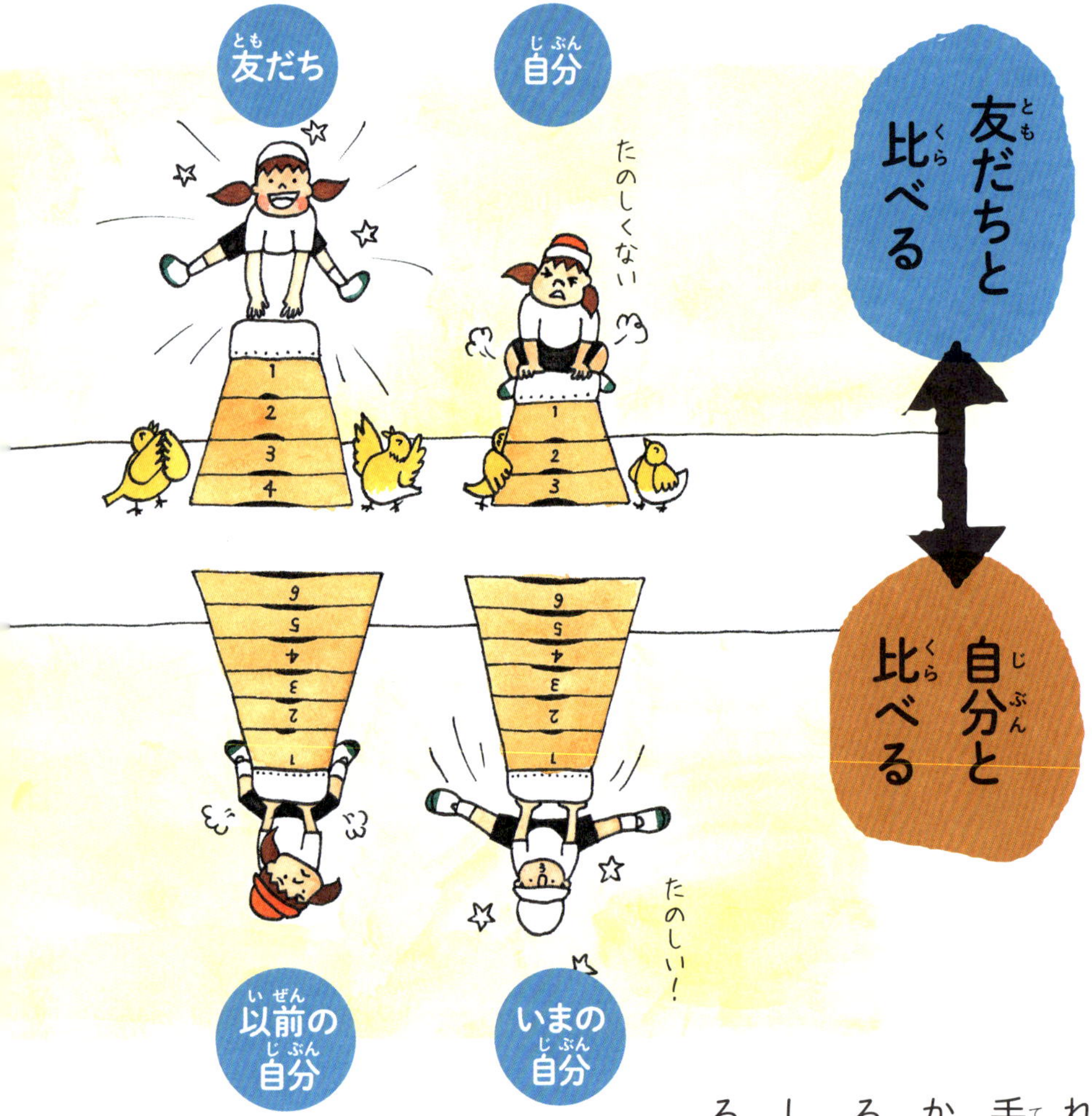

運動《うんどう》がきらいな理由《りゆう》はなに?

運動《うんどう》がたのしくない人《ひと》は、たのしくない理由《りゆう》を考《かんが》えてみよう。

運動《うんどう》がきらいだから? それは、どうしてだろう? 苦《にが》手《て》だから? それともつらいから? 苦手《にがて》な理由《りゆう》はなんだろう? なぜ苦手《にがて》って思《おも》ってしまうんだろう? きっといろんな理由《りゆう》があるよね。

POINT! 友《とも》だちではなく自分《じぶん》と比《くら》べよう

友《とも》だちよりもうまくできないと、「ぼくは苦手《にがて》なんだ」と思《おも》うし、それが運動《うんどう》がきらいになる原因《げんいん》かもしれない。友《とも》だちと比《くら》べるのではなく、以前《いぜん》の自分《じぶん》と比《くら》べるようにする。少《すこ》しでもできるようになったら、自分《じぶん》をほめてあげよう。

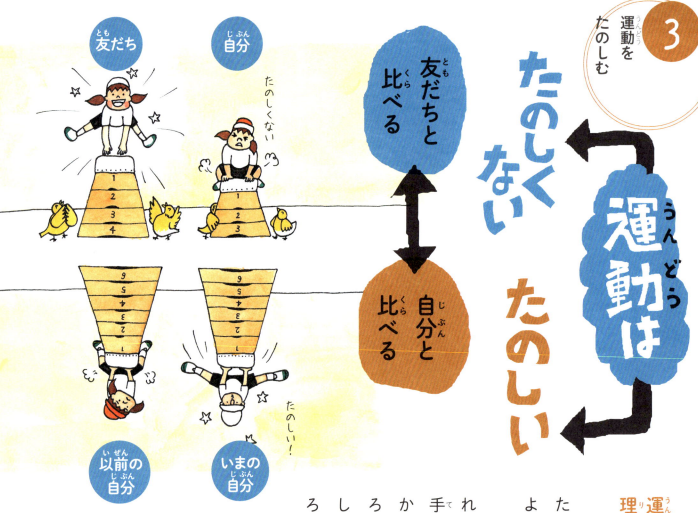

運動《うんどう》がきらいな理由《りゆう》の逆《ぎゃく》を考《かんが》えてみよう

きらいなものを好《す》きになるのはむずかしい。だけど、きらいな理由《りゆう》がわかれば、好《す》きになれるかもしれない。

どうしたら、好《す》きになれるか、たのしくできるのか、考《かんが》えてみて。

うまくできないからこそ、逆《ぎゃく》にたのしめることがあるかもしれないよ。

POINT! できないことよりも、うまくなる道《みち》のりをたのしむ

できる・できないの結果《けっか》よりも、うまくなるまでの道《みち》のりに目《め》を向《む》けよう。最初《さいしょ》からうまくできないのはあたりまえ。どうやったらできるようになるのかを考《かんが》えてみよう。

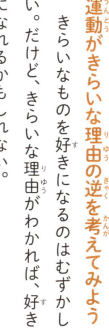

とちゅうは苦《くる》しい
ゴールするとうれしい

どうして苦《くる》しいことでもがんばれるんだろう？

マラソンがきらいな人《ひと》も多《おお》いよね。「苦《くる》しい思《おも》いまでして、なんで走《はし》らないといけないんだろう？」と思《おも》う人《ひと》もいるかもしれない。

でも、あんなにつらいマラソンをしゅみにしている大人《おとな》もいるし、子《こ》どものころから走《はし》るのが大好《だいす》きな人《ひと》もいる。

どうして、つらいことでもがんばれるのだろう？

POINT! ゴールしたときはうれしい

マラソンは、息《いき》も切《き》れるし、足《あし》も疲《つか》れる。走《はし》っているときは苦《くる》しいけど、ゴールしたときはうれしいよね。どんなことでも、つらい思《おも》いをして達《たっ》成《せい》できたときの喜《よろこ》びは大《おお》きい。

やらされて
いると
つらい

工夫《くふう》すると
たのしい

どんなときなら運動《うんどう》はたのしい？

体育《たいいく》の授業《じゅぎょう》で走《はし》らされるのはきらいでも、休《やす》み時間《じかん》や放課後《ほうかご》の遊《あそ》びだったら、いくら走《はし》りまわってもたのしいんじゃない？　同《おな》じ走《はし》るにしても、走《はし》らされるのと、友《とも》だちと駆《か》けまわるのとでは、ぜんぜんちがうよね。そのちがいって、なんだろう？

POINT!

やらされるのではなく、自分《じぶん》でやりたいと思《おも》う

どんなことでも、やらされていると思《おも》うとつらい。逆《ぎゃく》に、自分《じぶん》でやりたいと思《おも》ったとたん、たのしくなる。自分《じぶん》で工夫《くふう》するなど、積極的《せっきょくてき》な運動《うんどう》は、きっとたのしいと感《かん》じるんじゃないかな。

できないことができたらたのしい

できたときの喜《よろこ》びを味《あじ》わおう

できなかったことができるようになったときほど、うれしいことはない。自転車《じてんしゃ》に乗《の》れるようになったとき、逆上《さかあ》がりができるようになったとき、とびはねるくらい喜《よろこ》んだはず。

そして、一度完《いちどかん》ぺきにできたら、きっと何度《なんど》でもできる。自転車《じてんしゃ》に一度《いちど》乗《の》れたら、それからずっと乗《の》れるよね。自転車《じてんしゃ》がからだの一部《いちぶ》になったみたいに、自由《じゆう》に乗《の》りこなせる。

むずかしいこと、苦《くる》しいことでも、できたときの喜《よろこ》びがあるから、がんばることができる。そして、目《もく》標《ひょう》に向《む》かってがんばることも、いがいとたのしいことなんだ。

自分《じぶん》のペースでじっくりと

運動《うんどう》が得意《とくい》かどうかは、じつははやくできるかどうかだけ。すぐにできる子《こ》もいれば、なかなかできない子《こ》もいるけど、だれでも時間《じかん》をかけて練習《れんしゅう》すれば、ほとんどのことはできるようになるんだ。

自分《じぶん》の成長《せいちょう》をほめる

できるようになったら、自分《じぶん》をほめてあげよう。そのためには、少《すこ》しの成長《せいちょう》でも感《かん》じられるようになってほしい。

たとえば、一輪車《いちりんしゃ》で昨日《きのう》は1メートルまでしか進《すす》めなかったのが、今日《きょう》は1メートル30センチ進《すす》んだとする。たった30センチでも進歩《しんぽ》。その積《つ》み重《かさ》ねが、もっと大《おお》きな進歩《しんぽ》につながっている。

どうすればうまくなるか 自分《じぶん》で考《かんが》えてみよう

できなかったことができると、とってもうれしいけど、それまでの道《みち》のりもたのしみたい。うまくなりたいと思《おも》ってチャレンジしたり、うまくなるために自分《じぶん》で工夫《くふう》したりするのも、じつはたのしいことなんだ。

自分《じぶん》で練習《れんしゅう》を工夫《くふう》して、上達《じょうたつ》したらうれしいし、もしうまくできなかったら、別《べつ》の方法《ほうほう》を考《かんが》えるのもおもしろいよね。

うまくなるための練習《れんしゅう》はひとつではないし、遠《とお》まわりしても大丈夫《だいじょうぶ》。何《なん》度《ど》も失敗《しっぱい》をくり返《かえ》しながらうまくなればいいんだ。そのほうが、すぐにで

きるようになるより、得《とく》した気分《きぶん》になれるかも。

すぐにできると、喜《よろこ》びは1回《かい》だけだけど、少《すこ》しずつできるようになれば、何回《なんかい》も喜《よろこ》ぶことができるから。チャレンジをくり返《かえ》すほど、工夫《くふう》をすればするほど、できたときの喜《よろこ》びは大《おお》きい。そうやって、うまくなる道《みち》のりをたのしんでみて。

できるようになる5段階《だんかい》

うまくなりたいと思《おも》ってチャレンジする段階《だんかい》、いろんな工夫《くふう》をする段階《だんかい》、たまにできる段階《だんかい》、だんだんできるようになる段階《だんかい》、いつでもどこでもできる段階《だんかい》の5つがある。進《すす》んだり戻《もど》ったりしながら、少《すこ》しずつうまくなっていこう。

3 たまにできる

10回《かい》チャレンジして、1回《かい》できるくらいの段階《だんかい》。何度《なんど》も挑戦《ちょうせん》して、できたときの喜《よろこ》びは大《おお》きい。

4 だんだんできる

10回《かい》に4回《かい》くらいできるようになった段階《だんかい》。成長《せいちょう》を実感《じっかん》できるので、とってもおもしろい。

5 いつでもどこでもできる

完全《かんぜん》にできるようになった喜《よろこ》びだけでなく、次《つぎ》のあたらしいことにチャレンジするたのしみもできる。

からだの感覚《かんかく》をたのしむ

いろんな感覚《かんかく》で遊《あそ》ぼう

とんだり、はねたり、走《はし》ったりすると、からだはどんなふうに感《かん》じるだろうか？

からだが浮《う》き上《あ》がるように感《かん》じたり、まるで風《かぜ》になったように感《かん》じるかもしれない。

そういったからだの感覚《かんかく》っておもしろい。運動《うんどう》をたのしむためにも、からだの感覚《かんかく》に目《め》を向《む》けてほしい。

自分《じぶん》のからだをどのように動《うご》かしたら、どういう感覚《かんかく》になるか、いろいろと遊《あそ》んでみよう。

1 浮《う》いている感覚《かんかく》

高《たか》いところからとびおりたら、まるで鳥《とり》のように空《そら》をとんでいる感覚《かんかく》を味《あじ》わえる。

2 グルグルまわる感覚《かんかく》

コマのように棒《ぼう》のまわりをグルグルまわると、からだ全体《ぜんたい》が外《そと》にとび出《だ》しそうな感覚《かんかく》になる。

感覚《かんかく》ってなんだろう?

からだには、目《め》で見《み》る視覚《しかく》、耳《みみ》で聞《き》く聴覚《ちょうかく》、肌《はだ》で感《かん》じる触覚《しょっかく》、舌《した》で感《かん》じる味覚《みかく》、鼻《はな》でにおう嗅覚《きゅうかく》などの感覚《かんかく》がある。

つまり感覚《かんかく》とは、どのように感《かん》じるか、ということ。運動《うんどう》することで、きみのからだはどのように感《かん》じるか考《かんが》えてみよう。

3 バランス感覚《かんかく》

一輪車《いちりんしゃ》に乗《の》ったり、不安定《ふあんてい》なところに立《た》ったりすると、バランスを保《たも》とうとする。

4 ひとつになった感覚《かんかく》

上手《じょうず》に竹馬《たけうま》に乗《の》れるようになると、まるで竹馬《たけうま》が自分《じぶん》のからだの一部《いちぶ》になったような感覚《かんかく》がしてくる。

あたらしい感覚《かんかく》はたのしい

わたしたちは、いつもあたらしい感覚《かんかく》を求《もと》めているのかもしれない。できないことができるようになりたいと思《おも》うのも、あたらしい感覚《かんかく》をたのしみたいからじゃないかな。

うまくボールをけったときの感覚《かんかく》、はやく走《はし》れたときの感覚《かんかく》など、そういうからだの感覚《かんかく》って、どんなものだろう?

運《うん》動《どう》を遊《あそ》びとしてたのしむ

競技《きょうぎ》スポーツ

勝《か》ち負《ま》けを競《きそ》い合《あ》うスポーツ。勝《か》つ人《ひと》（チーム）がいれば、かならず負《ま》ける人（チーム）がいる。

生涯《しょうがい》スポーツ

しゅみとしてたのしむスポーツ。勝《か》ち負《ま》けは重要《じゅうよう》ではなく、みんなでたのしむことを大事《だいじ》にしている。

ずっとたのしむスポーツ

スポーツには、競《きょう》技《ぎ》スポーツと生《しょう》涯《がい》スポーツがある。競《きょう》技《ぎ》スポーツは、人《ひと》と競《きそ》い合《あ》うスポーツ。オリンピックなど、テレビで観《み》るスポーツだ。

生《しょう》涯《がい》スポーツは、しゅみと健《けん》康《こう》のためのスポーツ。山《やま》に登《のぼ》ったり、街《まち》なかをウォーキングしたりするのも、じつは立《りっ》派《ぱ》なスポーツだし、いくつになってもたのしむことができる。

競《きょう》技《ぎ》スポーツでは、勝《か》ち負《ま》けがいちばん重《じゅう》要《よう》だけど、生《しょう》涯《がい》スポーツでは勝《か》ち負《ま》けはあまり重《じゅう》要《よう》ではない。それよりも友《とも》だちをつくって、みんなでたのしんだり、生《い》きがいを感《かん》じたりすることに価《か》値《ち》があるんだ。

運動《うんどう》をたのしんでいる人《ひと》は イキイキとしている

みんなは運動《うんどう》ができるかどうかが、ものすごく大事《だいじ》だと思《おも》っているかもしれない。たしかに、運動《うんどう》ができる人《ひと》はかっこいいし、みんなから注目《ちゅうもく》もされるだろう。

でも、大人《おとな》になったら、運動《うんどう》ができるかどうかは関係《かんけい》ない。運動《うんどう》が苦手《にがて》でも尊敬《そんけい》されている人《ひと》もいるし、キラキラとかがやいている人《ひと》もいる。

ただ、たとえ運動《うんどう》が得意《とくい》でなくても、運動《うんどう》をしゅみとしてたのしんでいる人《ひと》は、イキイキと人生《じんせい》をたのしんでいる人《ひと》が多《おお》い。

運動《うんどう》やスポーツは、あくまでも遊《あそ》び。プロのスポーツ選手《せんしゅ》を目指《めざ》していないなら、運動《うんどう》を遊《あそ》びとしてたのしんだほうが、人生《じんせい》がたのしくなるかもしれないよ。

勝《か》ち負《ま》けもたのしむ

勝《か》ちたい気持《きも》ちが上達《じょうたつ》につながる

ここまで勝《か》ち負《ま》けは重要《じゅうよう》ではないと言《い》ってきたけど、あえて勝《か》ち負《ま》けもたのしんでほしい。なぜなら、「勝《か》ちたい！」という気持《きも》ちが、上達《じょうたつ》するための大《おお》きな力《ちから》になるからだ。

友《とも》だちに勝《か》ったり、自分《じぶん》のチームが勝《しょう》利《り》したら、やっぱりうれしいし、逆《ぎゃく》に負《ま》けたらくやしい気持《きも》ちになる。それが正直《しょうじき》な気持《きも》ちだろう。

そして、勝《か》ったら「また勝《か》ちたい」と思《おも》うし、負《ま》けたら「次《つぎ》は勝《か》ちたい」と思《おも》う。それが「もっとうまくなりたい」というやる気《き》になるんじゃないかな。その思《おも》いを大《だい》事《じ》にしてほしい。

みんな仲間《なかま》！

「うれしい」「くやしい」といった感情《かんじょう》は、自分《じぶん》に向《む》けるもので、相手《あいて》に向《む》けるものではない。

ラグビーには「ノーサイド」という精神《せいしん》がある。敵《てき》と味方《みかた》に分《わ》かれていても、試合《しあい》が終《お》わったら、みんな仲間《なかま》という意味《いみ》だ。

勝《か》っても負《ま》けても相手《あいて》のことを考《かんが》えよう

勝《か》ったらうれしいし、負《ま》けたらくやしい。ただ、勝負《しょうぶ》や試合《しあい》が終《お》わったあとは、その気持《きも》ちを引《ひ》きずらないことが大切《たいせつ》。

勝《か》ったときは、負《ま》けた人《ひと》のことも考《かんが》えてみよう。負《ま》けたときでも相手《あいて》のことを考《かんが》えてほしい。

勝《か》つこともあれば、負《ま》けることもある。そういう勝《か》ち負《ま》けから、相手《あいて》に対《たい》する思《おも》いやりなど、いろんなことを知《し》ることができるんだ。

4 自分《じぶん》のからだを

呼吸《こきゅう》する、声《こえ》を出《だ》す、
歩《ある》く、立《た》つ、走《はし》るといった
からだにそなわる基本的《きほんてき》な動《うご》きは、
あらゆる運動《うんどう》のもとになっている。
自分《じぶん》のからだは、どんなふうに動《うご》くのか。
運動《うんどう》をたのしむために、
まずは自分《じぶん》のからだを見《み》ていこう。

知《し》る

いがいと知《し》らない自分《じぶん》のからだ

自分《じぶん》の背中《せなか》を見《み》たことがある？　頭《あたま》のてっぺん、足《あし》のうら、わきの下《した》……。鏡《かがみ》がないと見《み》えないね。自分《じぶん》のからだなのに、知《し》らないことって多《おお》いんだ。運動《うんどう》するときに、自分《じぶん》のからだがどんなふうに動《うご》いているのかも、わかっていそうで知《し》らない。自分《じぶん》のからだの動《うご》きに注目《ちゅうもく》してみよう。

変《か》わった歩《ある》き方《かた》をする

歩《ある》くことに意識《いしき》を向《む》ける

ふだん歩《ある》き方《かた》について考《かんが》えながら歩《ある》くことって、あまりないよね。わざわざ「右足《みぎあし》を動《うご》かして、次《つぎ》に左足《ひだりあし》を……」とか考《かんが》えなくても、勝手《かって》に足《あし》は動《うご》くし、しぜんにうでもふっている。

でも、あえて歩《ある》くことに意識《いしき》を向《む》けてみよう。

まっすぐ歩《ある》いているとき、どこに力《ちから》が入《はい》っているだろう？ つま先《さき》はどこを向《む》いている？ 最初《さいしょ》に地面《じめん》につくのは、つま先《さき》？ それともかかと？ 歩《ある》くことひとつとっても、いろんなからだ

1 よろけながら歩《ある》いてみよう

どのくらいよろけるとたおれそうになるのか、グッとふんばったとき、どこに力《ちから》が入《はい》っているかなど、いろいろとためしてみて。

2 大《おお》また・小《こ》またで歩《ある》いてみよう

わざと大《おお》またで歩《ある》いてみたり、逆《ぎゃく》に小《こ》またで歩《ある》いてみる。普通《ふつう》に歩《ある》くのとは、どのあたりのからだの使《つか》い方《かた》がちがうかな？

のはたらきに気《き》づくことができる。いろんな歩《ある》き方《かた》をためしてみよう。

3 すり足《あし》で歩《ある》いてみよう

すり足《あし》で歩《ある》いてみると、どうだろう？ 足《あし》のうら全体《ぜんたい》をするように歩《ある》くと、右足《みぎあし》と右《みぎ》うでがいっしょに前《まえ》に出《で》るんじゃないかな？

4 うしろ向《む》きに歩《ある》いてみよう

うしろ向《む》きに歩《ある》くと、ふだん使《つか》わない筋肉《きんにく》を使《つか》っていることに気《き》づくはず。からだの前後《ぜんご》をバランスよく使《つか》えるようになるよ。

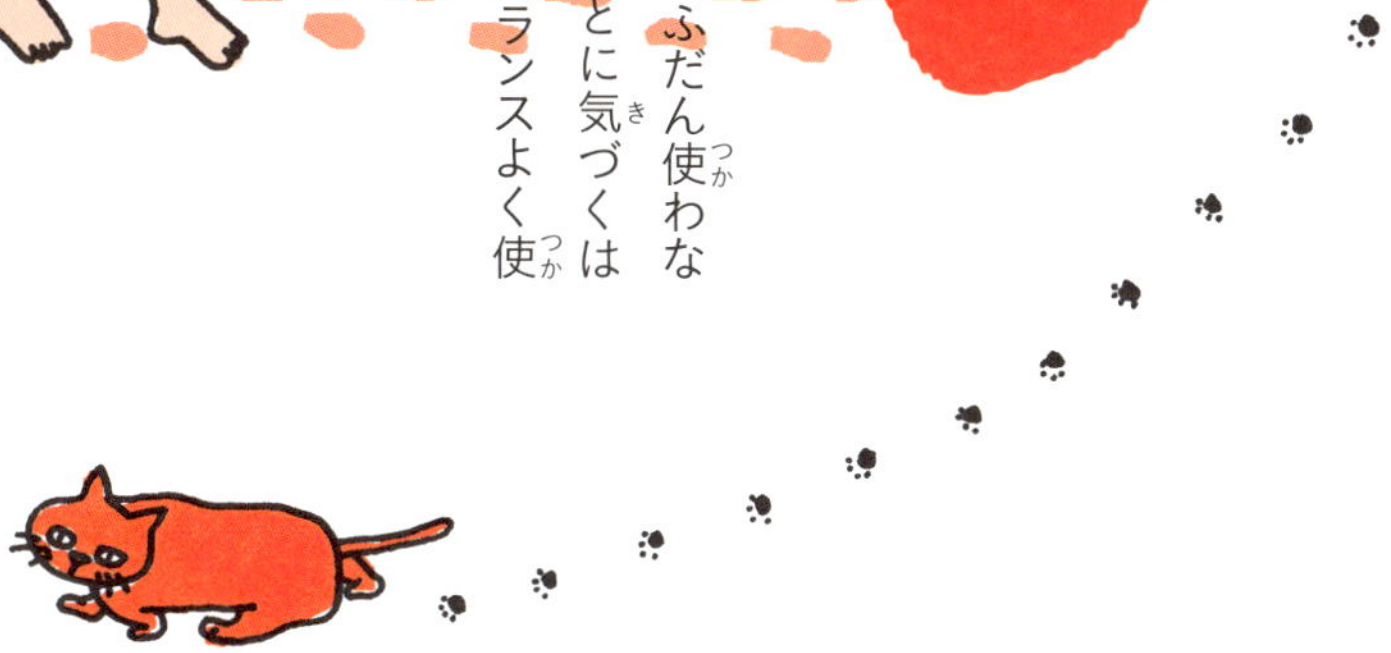

5 つま先《さき》だけ・かかとだけで歩《ある》いてみよう

つま先歩《さきある》きをすると、前《まえ》のめりになるし、ふくらはぎのあたりに力《ちから》が入《はい》る。かかと歩《ある》きは、バランスをとるのがむずかしいし、足《あし》のすねあたりに力《ちから》が入《はい》るのでは？

呼吸《こきゅう》に注意《ちゅうい》する

どのくらい息《いき》を吐《は》きつづけられる？

運動《うんどう》するときは、呼吸《こきゅう》がとても大事《だいじ》。呼吸《こきゅう》のしかたがちがうだけで、長《なが》く運動《うんどう》することや、自分《じぶん》の力《ちから》をじゅうぶんに発揮《はっき》することができるからだ。

呼吸《こきゅう》を意識《いしき》するためにも、まずはこんな呼吸《こきゅう》をためしてみよう。

呼吸《こきゅう》とからだがつながっていることに気《き》づけるかな？

1 どのくらい「あ〜」と言《い》える？

「あ〜」と言《い》える時間《じかん》を時計《とけい》ではかってみよう。1分間《ぶんかん》で何回《なんかい》呼吸《こきゅう》しているかをはかったり、どのくらい息《いき》を止《と》められるかもためしてみて。

2 どのくらいブクブクできる？

コップの水《みず》をストローで何秒《なんびょう》くらいブクブクできるか挑戦《ちょうせん》してみよう。息《いき》が苦《くる》しくなったとき、からだはどう感《かん》じるだろうか？

息《いき》を吐《は》きながら息《いき》を吸《す》う

忍者《にんじゃ》のすいとんの術《じゅつ》って知《し》ってる？　水《みず》のなかに何時間《なんじかん》も隠《かく》れることができる術《じゅつ》だ。みんなも呼吸《こきゅう》を意識《いしき》するためには、水《みず》のなかにもぐるといい。プールやお風呂《ふろ》でチャレンジしてみて。練習《れんしゅう》すれば、息《いき》を吐《は》きながら、同時《どうじ》に息《いき》を吸《す》うこともできる。ストローでブクブクするのも、鼻《はな》から息《いき》を吸《す》って、口《くち》から息《いき》を吐《は》きつづければ、いつまでもブクブクすることができるんだ。ちょっとむずかしいけど、挑戦《ちょうせん》してみよう。

からだがカチコチになる

3 はやく呼《こ》吸《きゅう》をする、ゆっくり呼《こ》吸《きゅう》をする

わざとはやく呼《こ》吸《きゅう》してみたり、逆《ぎゃく》にゆっくり呼《こ》吸《きゅう》してみる。からだにどんな変化《へんか》があるかな？　はやく呼《こ》吸《きゅう》をすると、からだがキンチョーして、ゆっくり呼《こ》吸《きゅう》をすると、からだがリラックスしてこないかな？

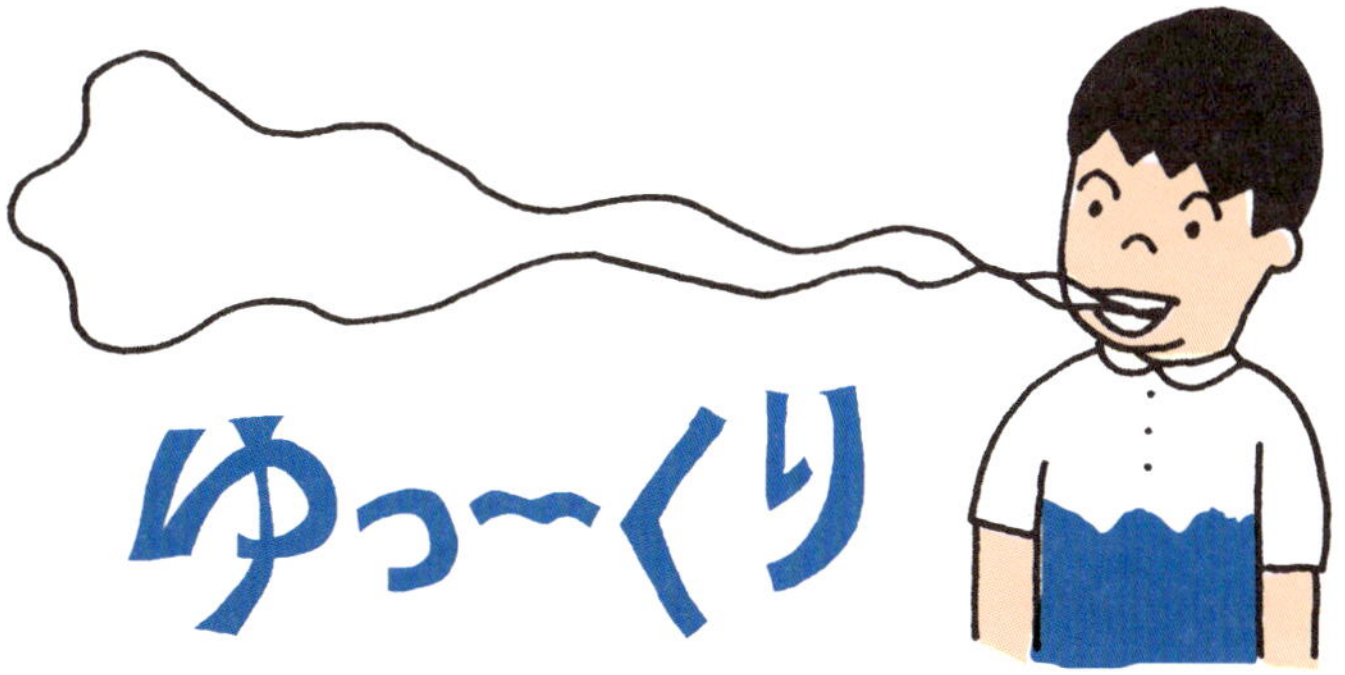

からだがダラ〜ンとなる

まっすぐ立《た》ってどんなこと？

まっすぐ立《た》っていないと

ためしに、だれかに肩《かた》を上《うえ》から押《お》してもらおう。まっすぐに立《た》てていないと、ふんばることができずにうしろにたおれてしまう。

まっすぐ立《た》っているかチェック！

「まっすぐ立《た》ってみよう」と言《い》われても、本当《ほんとう》にまっすぐ立《た》てる人《ひと》ってじつは少《すく》ない。

足《あし》が内股《うちまた》になったり、ガニ股《また》になってしまったり……。からだの中心《ちゅうしん》が左右《さゆう》のどちらかに傾《かたむ》いていたり、前《まえ》かがみになって猫背《ねこぜ》になったりする人《ひと》もいる。

なにも意識《いしき》しなければ、まっすぐ立《た》つことだって、いがいとむずかしい。

つま先《さき》をまっすぐにして立《た》つ

まずは、なにも考《かんが》えずにまっすぐ立《た》ってみよう。そのときの足《あし》のつま先《さき》に注目《ちゅうもく》。つま先《さき》が内側《うちがわ》や外側《そとがわ》に向《む》いていないかな？

からだにとって、もっとも安定《あんてい》するのは、つま先《さき》をまっすぐ前《まえ》に向《む》ける立《た》ち方《かた》。これだとからだのバランスがよくなってたおれにくい上《うえ》に、すばやく動《うご》き出《だ》せるようにもなる。

ふだんから、つま先《さき》を前《まえ》に向《む》ける立《た》ち方《かた》を意識《いしき》してみよう。

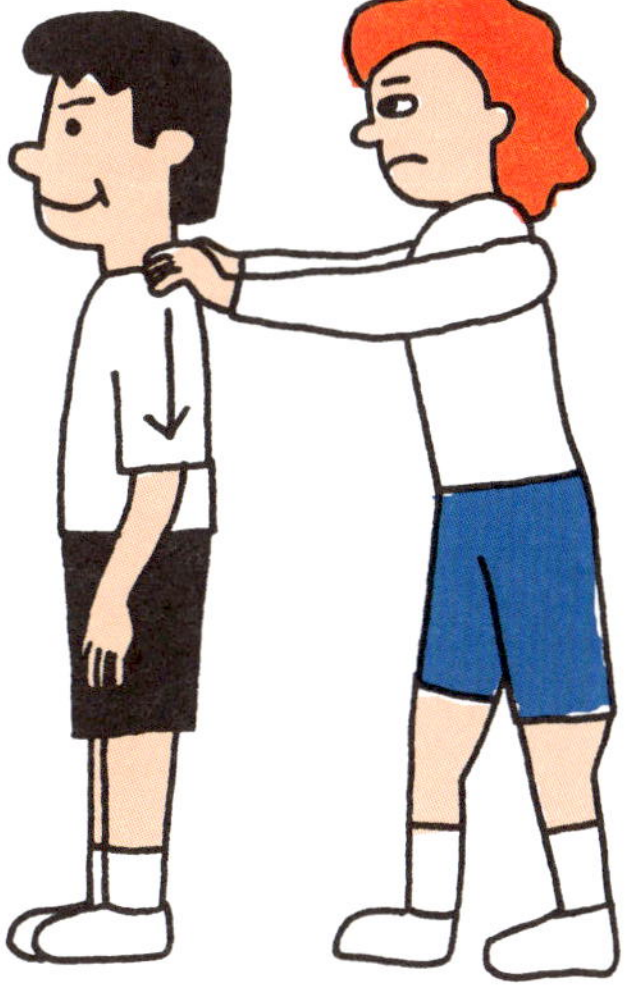

まっすぐに立《た》っていると

つま先《さき》をまっすぐ前《まえ》に向《む》けると、肩《かた》の上《うえ》から押《お》されても、うしろにたおれにくい。前後《ぜんご》、左右《さゆう》、上下《じょうげ》からの力《ちから》に強《つよ》いだけでなく、どの方向《ほうこう》にもすばやく動《うご》ける。

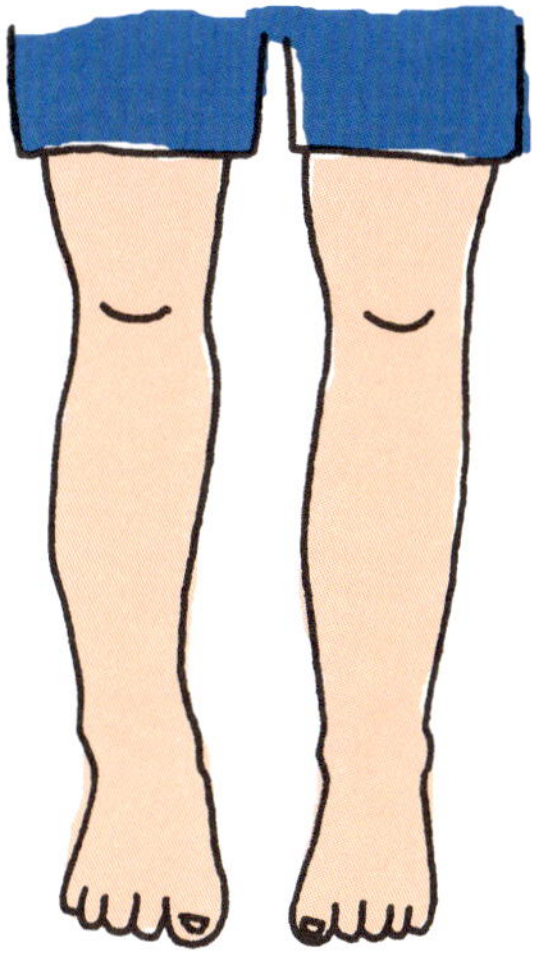

まっすぐ立《た》つには、つま先《さき》がまっすぐ前《まえ》を向《む》くように意識《いしき》する。

ここがガンバリドコロ

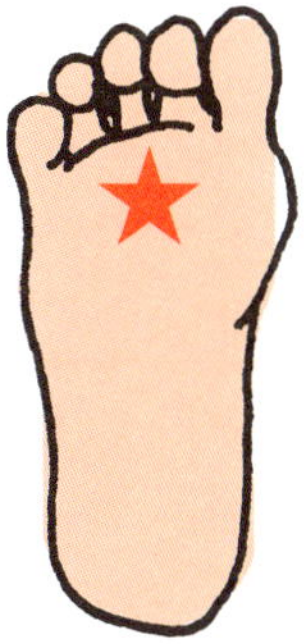

足《あし》のうらの中指《なかゆび》の付《つ》け根《ね》あたりに力《ちから》を入《い》れるように意識《いしき》する。

からだをやわらかくする

股関節《こかんせつ》をやわらかくする

からだがやわらかいと動《うご》きやすい

あらゆる運動《うんどう》に欠《か》かせないのが、からだのやわらかさ。からだがやわらかいと、ひとつひとつの動《うご》きがスムーズになる。

からだのやわらかさを生《う》む大切《たいせつ》な部分《ぶぶん》のひとつが股《こ》関節《かんせつ》だ。でもふだんあまり意識《いしき》することがないかも。

股関節《こかんせつ》は、足《あし》の付《つ》け根《ね》にある関節《かんせつ》。立《た》ったりしゃがんだり、歩《ある》いたり走《はし》ったりなどの基本的《きほんてき》な動《うご》きのために大事《だいじ》なところだ。股関節《こかんせつ》がかたいと、これらの動《うご》きがスムーズにできなくなるんだ。

1 かかとを地面《じめん》につけたまましゃがむ

まっすぐ立《た》った状態《じょうたい》から、かかとを地面《じめん》につけたまま、しゃがんでみよう。スッとできたら股関《こかん》節《せつ》がやわらかく、うしろにたおれたら股関節《こかんせつ》がかたい。

2 座《すわ》った状態《じょうたい》から上《うえ》にジャンプする

しゃがんだ状態《じょうたい》から、カエルのように上《うえ》にジャンプしてみよう。何度《なんど》もすることで、股関節《こかんせつ》がやわらかくなる。

肩甲骨《けんこうこつ》をやわらかくする

1 両手《りょうて》を合《あ》わせて前《まえ》に伸《の》ばして、さらに前《まえ》に伸《の》ばす

両《りょう》手《て》を合《あ》わせて前《まえ》に伸《の》ばす。その状態《じょうたい》からさらに前《まえ》に伸《の》ばしてみる。届《とど》きそうで届《とど》かないものを取《と》ろうとするイメージだ。

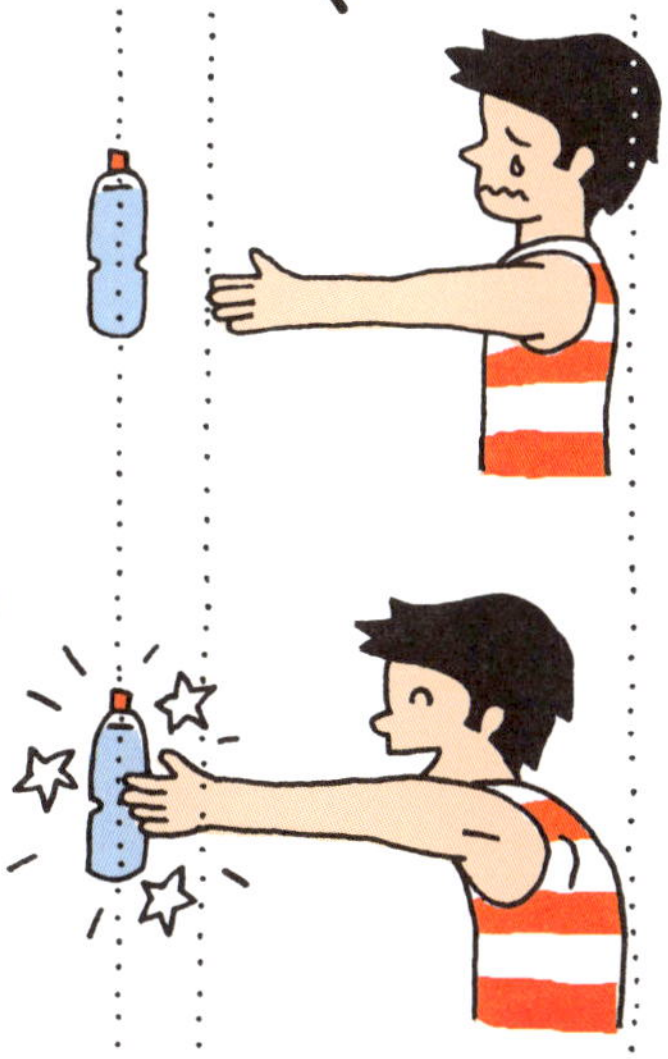

2 ひじをつけたままうでを上下《じょうげ》させる

顔《かお》をかくすように左右《さゆう》のひじをつける。まるでへいからのぞきこむように、左右《さゆう》のうでを下《した》に引《ひ》いてみよう。左右《さゆう》のひじをはなさないように。

うでの動《うご》きをスムーズに

もうひとつ重要《じゅうよう》なのが、肩《けん》甲骨《こうこつ》。肩甲骨《けんこうこつ》は、背中《せなか》にある三角《さんかく》の形《かたち》をした大《おお》きな骨《ほね》で、まるで天使《てんし》の羽根《はね》のようなところだ。

うでは、肩《かた》から指先《ゆびさき》までだと思《おも》っている人《ひと》も多《おお》いけど、じつはうでのはじまりは肩甲骨《けんこうこつ》。肩甲骨《けんこうこつ》のまわりをやわらかくすると、ボールを投《な》げやすくなるし、走《はし》るときにうでを大《おお》きくふれる。それだけ運動《うんどう》にとって大切《たいせつ》なところだ。

肩甲骨《けんこうこつ》は、使《つか》わないとかたくなりやすいので、意識《いしき》して使《つか》うようにしよう。

声《こえ》を出《だ》しながら動《うご》く

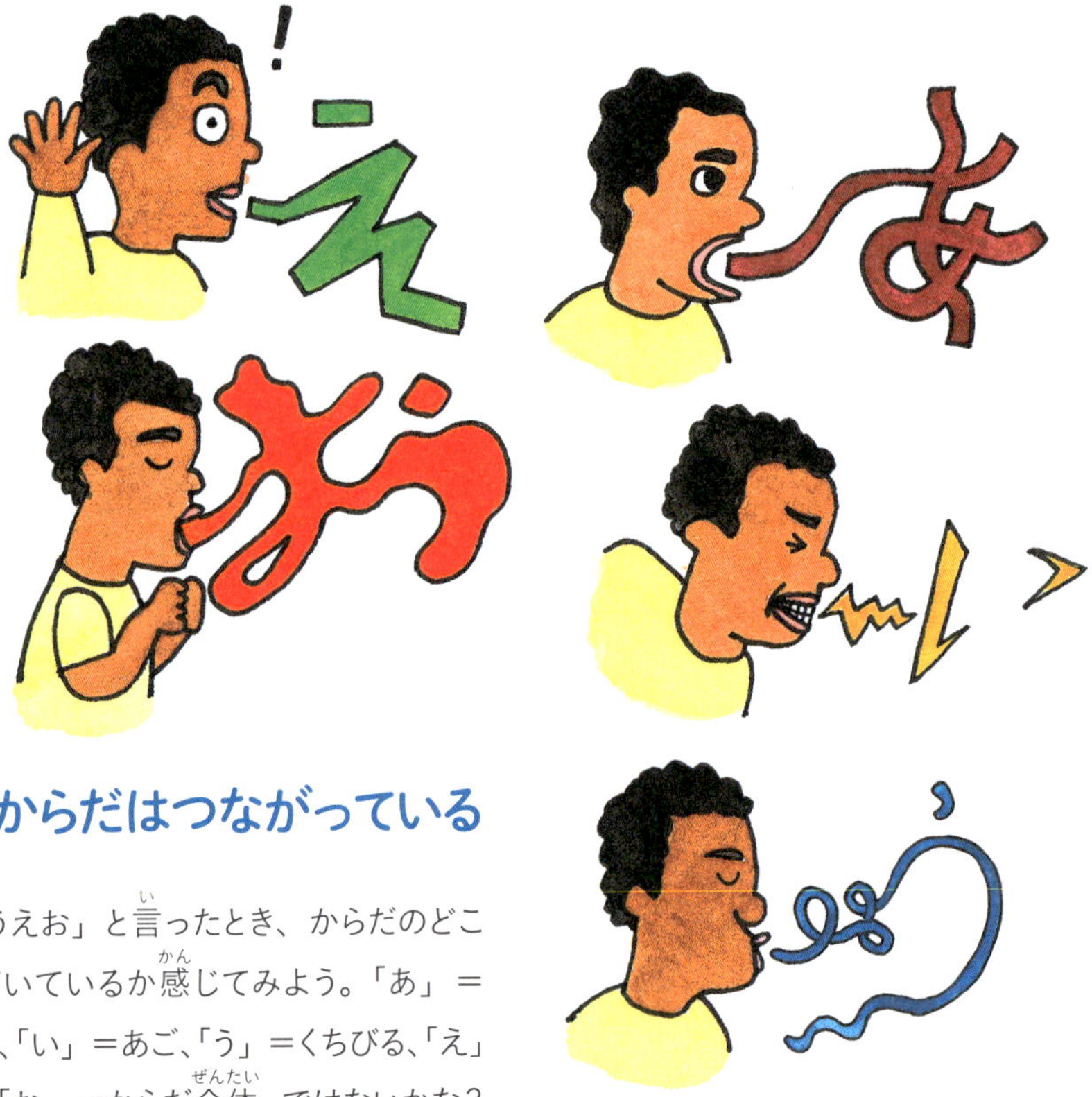

声《こえ》とからだはつながっている

「あいうえお」と言《い》ったとき、からだのどこがひびいているか感《かん》じてみよう。「あ」＝おなか、「い」＝あご、「う」＝くちびる、「え」＝胸《むね》、「お」＝からだ全体《ぜんたい》、ではないかな？

声《こえ》を出《だ》すとからだが動《うご》きやすくなる

みんなで運動《うんどう》をするとき、たとえば「エイエイオー！」とかけ声《ごえ》をかけることがあるよね。また、声《こえ》を出《だ》しながら運動《うんどう》したほうがいいとも言《い》われている。

なぜ、声《こえ》を出《だ》すことが大事《だいじ》なんだろう？

理由《りゆう》はいろいろあるけれど、そのひとつは、からだが動《うご》きやすくなるから。大《おお》きな声《こえ》を出《だ》すことは、深呼《しんこ》吸《きゅう》と同《おな》じ効果《こうか》があり、からだの力《ちから》を出《だ》しやすくさせる。

すばやく動《うご》ける瞬発力《しゅんぱつりょく》、長《なが》く運動《うんどう》できる持久力《じきゅうりょく》、そして集中力《しゅうちゅうりょく》も高《たか》まると言《い》われているんだ。

声《こえ》を出《だ》して
リズムよく遊《あそ》ぼう

昔《むかし》の遊《あそ》びには、歌《うた》に合《あ》わせてするものが多《おお》い。「はないちもんめ」「お手玉《てだま》」「まりつき」などがそう。歌《うた》いながらリズムよく遊《あそ》ぶほうがたのしいし、上達《じょうたつ》もはやいと知《し》っていたのかもしれない。

からだの動《うご》きにはリズムが大事《だいじ》

声《こえ》を出《だ》しながら運動《うんどう》すると、ほかにもいいことがある。たとえば、みんなでかけ声《ごえ》をかけると、チームがひとつにまとまるし、「さぁ、これからやろう！」という気合《きあ》いも入《はい》る。

さらに、リズム感《かん》がよくなる効果《こうか》もある。たのしく運動《うんどう》するためにも、運動《うんどう》が上達《じょうたつ》するためにも、リズム感《かん》はとても大事《だいじ》だ。

たとえばとび箱《ばこ》は、助走《じょそう》をして踏切板《ふみきりばん》でジャンプをし、とび箱《ばこ》の台《だい》の上《うえ》に手《て》をついて、台《だい》をこえて着地《ちゃくち》する。とび箱《ばこ》がとべたときの動《うご》きは、まるで歌《うた》のようにリズミカルだ。

なわとびをとんだり、走《はし》ったり、ボールを投《な》げたりなど、どんな運動《うんどう》でもリズム感《かん》が役《やく》に立《た》つ。

遊《あそ》ぶ★5

おどることって、もっとも原始的《げんしてき》な運動《うんどう》かもしれない。
たのしいと、しぜんとおどりたくなるし、
おどっていると、さらにたのしい気分《きぶん》になる。
からだを動《うご》かすことのたのしさを感《かん》じるためにも、
おどりについて考《かんが》えてみよう。

おどって

世界中《せかいじゅう》にはいろんなおどりがある

世界《せかい》には、さまざまなおどりがある。盆《ぼん》おどりや日本《にほん》舞踊《ぶよう》……日本《にほん》だけでもいろんなおどりがあるよね。

はげしいおどりもあれば、ゆったりとしたおどりもある。それぞれの動《うご》きに、祈《いの》りや感謝《かんしゃ》など、いろんな意味《いみ》がこめられていることもある。

共通《きょうつう》して言《い》えるのは、おどりはどれも、からだ全身《ぜんしん》を使《つか》う運動《うんどう》でもあるということだ。

なぜ人《ひと》はおどるのだろう？

気合《きあ》いを入《い》れるおどり

狩《か》りの前《まえ》におどるのは、気合《きあ》いを入《いれ》れるだけでなく、無事《ぶじ》を祈《いの》る意味《いみ》もあったと言《い》う。そして、無事《ぶじ》にえものを得《え》て家《いえ》に帰《かえ》ったら、喜《よろこ》びと感謝《かんしゃ》のためにふたたびおどる。

亡《な》くなった人《ひと》の魂《たましい》をしずめるおどり

お盆《ぼん》の時期《じき》には先祖《せんぞ》のために盆《ぼん》おどりをおどる。亡《な》くなった人《ひと》に安《やす》らかに眠《ねむ》ってほしいと願《ねが》って、葬式《そうしき》でおどるところもある。ほかには、病気《びょうき》の流行《りゅうこう》をしずめるためのおどりもある。

おどりにはちゃんと意味《いみ》がある

大昔《おおむかし》から、人《ひと》はいろんな場《ば》面《めん》でおどってきた。

とくに祭《まつ》りとむすびついているおどりは多《おお》い。亡《な》くなった人《ひと》のための祭《まつ》り、病気《びょうき》の流《りゅう》行《こう》をしずめるための祭《まつ》り、収《しゅう》穫《かく》を祝《いわ》う祭《まつ》り……。

こうした祭《まつ》りでは、おどりながら亡《な》くなった人《ひと》や神《かみ》さまに感謝《かんしゃ》を伝《つた》えたり、願《ねが》いごとをしたりした。

つまり、言葉《ことば》以外《いがい》の方法《ほうほう》で思《おも》いを表現《ひょうげん》し、伝《つた》えるための手段《しゅだん》がおどりだったんだ。

収穫《しゅうかく》に感謝《かんしゃ》するおどり

日本《にほん》では米《こめ》などの農作物《のうさくぶつ》が収《しゅう》穫《かく》できたことに感謝《かんしゃ》する祭《まつ》りが秋《あき》に行《おこな》われる。世界中《せかいじゅう》で同《おな》じような祭《まつ》りがあり、みんなでおどりながらたのしむ。

雨《あめ》が降《ふ》ってほしいと願《ねが》うおどり

太陽《たいよう》の光《ひかり》だけでなく、作物《さくもつ》には水《みず》が必要《ひつよう》だ。あまりに雨《あめ》が降《ふ》らないと作物《さくもつ》は枯《か》れてしまう。人《ひと》が雨《あめ》を降《ふ》らせることはできないので、神《かみ》さまに「雨《あめ》を降《ふ》らせてほしい」と願《ねが》いながらおどった。

おどりはたんなる運動《うんどう》ではない

祭《まつ》りにおけるおどりと同《おな》じように、おどりがいろんな感《かん》情《じょう》を表《あらわ》す手段《しゅだん》であることは、いまでも変《か》わらない。

たとえばプロスポーツの試《し》合《あい》でも、敵《てき》とたたかう前《まえ》に全《ぜん》員《いん》でおどるチームもある。ラグビーのニュージーランド代《だい》表《ひょう》チームであるオールブラックスなどがそうだ。

また、準備運動《じゅんびうんどう》のかわりにおどるという選手《せんしゅ》もいる。おどるとからだのかたさがとれるので、力《ちから》をより発揮《はっき》できるようになるのだろう。

いろんな気《き》持《も》ちをおどる

感情《かんじょう》をおどりで表現《ひょうげん》してみる

おどりが感情《かんじょう》を伝《つた》えるための手《しゅ》段《だん》なら、いろんな感情《かんじょう》をおどりで表現《ひょうげん》できるはず。

音楽《おんがく》に合《あ》わせておどってみてもいい。もともと音楽《おんがく》はおどるために生《う》まれたと言《い》われていて、音楽《おんがく》とおどりはとても近《ちか》い関係《かんけい》にある。はやいテンポの音楽《おんがく》に合《あ》わせておどると、どういった感情《かんじょう》を表現《ひょうげん》できるだろうか？　逆《ぎゃく》に、ゆっくりとした音楽《おんがく》に合《あ》わせてみると、どういう感情《かんじょう》になるかな？

感情《かんじょう》の種類《しゅるい》はいろいろある

感情《かんじょう》といっても、いろいろなものがある。日本語《にほんご》では「喜怒哀《きどあい》楽《らく》」と言《い》って、「喜《よろこ》び」「怒《いか》り」「かなしみ」「たのしみ」の4つの感《かん》情《じょう》を表《あらわ》す言葉《ことば》があるけど、もちろんそれだけではないよね。

たとえばインドのおどりでは、必《かなら》ず9つの感情《かんじょう》が取《と》り入《い》れられるそうだ（「ナヴァ・ラサ」と呼《よ》ばれる）。

複雑《ふくざつ》な感情《かんじょう》を、おどりで相手《あいて》に伝《つた》えられるだろうか？

「喜《よろこ》び」「おどろき」「嫌《きら》い」「怒《いか》り」「かなしみ」「愛《あい》」「きょうふ」「幸《しあわ》せ」「笑《わら》い」という9つの感情《かんじょう》を、おどりでどんなふうに表現《ひょうげん》できるかやってみよう。

なりきっておどる

おどりで ジェスチャーゲーム

おどりでものや状況《じょうきょう》を表現《ひょうげん》しよう。だれかといっしょに、なにを表現《ひょうげん》しているか当《あ》て合《あ》うと、たのしく遊《あそ》べるよ。言葉《ことば》が通《つう》じない相手《あいて》でも、伝《つた》わるんじゃないかな？

身近《みぢか》なものを表現《ひょうげん》してみよう

感情《かんじょう》だけでなく、いろんなものをおどりで表現《ひょうげん》してみよう。たとえば、「波《なみ》」や「火《ひ》」といったものを、おどりで表現《ひょうげん》できるだろうか？

言葉《ことば》を使《つか》わなくても相手《あいて》に伝《つた》えることができたらきっとたのしい。

友《とも》だちといっしょに、なにを表《あらわ》しているのか当《あ》てっこするのもいいね。

生《い》きものになりきっておどろう

自分《じぶん》とはちがうほかの生《い》きものになりきって、おどることができるかな？　たとえば、ゾウになりきっておどってみる。そのためには、ゾウをよーく観察《かんさつ》することからはじめよう。

ゾウになりきる

じつは運動《うんどう》でも、観察《かんさつ》することは大切《たいせつ》。うまくできる人《ひと》をジッと見《み》て、自分《じぶん》とどこがちがうのかを観察《かんさつ》してまねてみる。まねが上手《じょうず》な人《ひと》ほど、運動《うんどう》の上達《じょうたつ》もはやいものなんだ。

ダンゴムシになりきる

ヘビになりきる

なりきるために よく観察《かんさつ》する

どんなふうに歩《ある》き、食《た》べるのか、うんちはどんなかっこうでするのか。動物園《どうぶつえん》や身近《みぢか》にいる動物《どうぶつ》、テレビなどで見《み》かける生《い》きものを、姿勢《しせい》や気持《きも》ちまでまねするつもりでよく観察《かんさつ》しよう。

不安定《ふあんてい》なところでおどる

不安定《ふあんてい》なほうがおどりやすい

いろんな場所《ばしょ》でおどってみよう。たとえば、ゆらゆら揺《ゆ》れるベッドの上《うえ》はどうだろう？　また、砂場《すなば》のようなでこぼこしている場所《ばしょ》では？

じつは、足元《あしもと》が不安定《ふあんてい》なところって、いがいとおどりやすかったりする。足《あし》元《もと》が不安定《ふあんてい》だと、その状態《じょうたい》をなんとか戻《もど》そうと、からだが勝手《かって》に動《うご》くからだ。

場所《ばしょ》によってからだの使《つか》い方《かた》がどう変《か》わるかを考《かんが》えながら、いろんな場所《ばしょ》でおどってみよう。

ためしてみよう

おどりながら……

おどりながら生活《せいかつ》してみよう

キビキビと交通整理《こうつうせいり》をする警《けい》備員《びいん》、ムダのない動《うご》きでレジをうつスーパーのおばちゃん、次々《つぎつぎ》に寿司《すし》をにぎる職人《しょくにん》……。流《なが》れるような動《うご》きを見《み》ているだけで、すがすがしい気持《きも》ちになる。

彼《かれ》らに共通《きょうつう》しているのは、まるでおどっているようなリズミカルな動《うご》きだ。リズムよくからだを動《うご》かすと、作業《さぎょう》がてきぱきこなせるし、なによりもたのしい。

ふだんの生活《せいかつ》に、おどるような動《うご》きを取《と》り入《い》れてみよう。苦《にが》手《て》なことでもたのしく取《と》り組《く》めるかもしれないよ。

5 おどって遊《あそ》ぶ

友《とも》だちと一体感《いったいかん》を味《あじ》わう

友《とも》だちが自分《じぶん》と同じものを好《す》きだってわかると、うれしい気持《きも》ちになる。同《おな》じときに笑《わら》うだけでも、気持《きも》ちが通《つう》じ合《あ》ったような感覚《かんかく》になる。

これと同《おな》じような感覚《かんかく》を、おどりをとおしても味《あじ》わうことができる。

友《とも》だちといっしょに、同《おな》じ振《ふ》り付《つ》けのおどりをおどってみよう。きっと、友《とも》だちとのきょりがちぢまったように感《かん》じられるはずだ。

どんなことも友《とも》だちといっしょに行《おこな》うとたのしい。それはおどりだけでなく、すべての運動《うんどう》についても言《い》えることだ。

おどる

だんだん同《おな》じ気《き》持《も》ちになってくる

みんなでいっしょにおどっていると、まるでひとつの大《おお》きな生《い》きものになったように感《かん》じることもある。言葉《ことば》を交《か》わさなくても、すべてがわかり合《あ》えるような気持《きも》ちいい感覚《かんかく》だ。

昔《むかし》から、日本《にほん》では、夏《なつ》のお盆《ぼん》の時期《じき》に盆《ぼん》おどりをおどる風習《ふうしゅう》がある。盆《ぼん》おどりは、亡《な》くなった人《ひと》をとむらうためのおどりだけど、地域《ちいき》の結《むす》びつきを高《たか》めるためのものでもある。そのため、小《ちい》さな子《こ》どもからお年寄《としよ》りまで、みんながおどれるように、簡単《かんたん》な振《ふ》り付《つ》けのものが多《おお》い。

太鼓《たいこ》の音《おと》に合《あ》わせてみんなでおどると、気持《きも》ちのいい一体感《いったいかん》が生《う》まれる。亡《な》くなった人《ひと》もいっしょにおどっているかも……。

6 走《はし》って遊《あそ》ぼう

走《はし》ることは、運動《うんどう》の基本《きほん》だけど、
ちょっと苦手《にがて》な人《ひと》も多《おお》いかもしれない。
はやいかおそいかは別《べつ》にして、
風《かぜ》を切《き》って走《はし》る気持《きも》ちよさ、
全力《ぜんりょく》で走《はし》る爽快《そうかい》さ、
そういう走《はし》るたのしさを考《かんが》えてみよう。

遊《あそ》びで走《はし》っているとたのしい

全力《ぜんりょく》で走《はし》ると息《いき》が切《き》れるほど苦《くる》しいし、
走《はし》ったあとはどっと疲《つか》れる。
わざわざつらい思《おも》いをしてまで走《はし》りたくないと
思《おも》っている人《ひと》もいるかもしれない。
でも、もっと小《ちい》さいころは、
ただ走《はし》るだけでたのしかったんじゃない？
広《ひろ》い場所《ばしょ》があると、思《おも》わず走《はし》り出《だ》したく
なったこともあるんじゃない？
そう、走《はし》るって本当《ほんとう》はたのしいことなんだ。
もう一度《いちど》遊《あそ》びのように走《はし》る
あのたのしさを思《おも》い出《だ》してみよう。

人《ひと》はなんのために走《はし》るの？

昔《むかし》は走《はし》らないと生《い》きていけなかった

大昔《おおむかし》の人《ひと》は、生《い》きていくために走《はし》っていた。イノシシやシカなどのえものを追《お》うために、そしてクマなどの危険《きけん》な動物《どうぶつ》から逃《に》げるために。

領地《りょうち》を取《と》り合《あ》うような争《あらそ》いが起《お》こったときも走《はし》る。のんびりと歩《ある》いていたら命《いのち》を落《お》としてしまうからだ。

また、電話《でんわ》も車《くるま》もない時代《じだい》には、遠《とお》くの人《ひと》になにかを伝《つた》えるために、走《はし》って伝《つた》えていたこともあった。

たたかったり、逃《に》げたりするために走《はし》る

領《りょう》地《ち》や権《けん》力《りょく》などの争《あらそ》いが起《お》きたとき、いちはやく移動《いどう》したり、敵《てき》を追《お》いかけたり、敵《てき》から逃《に》げたりするために走《はし》った。

えものを追《お》うために走《はし》る

人《ひと》は、野生動物《やせいどうぶつ》から食《た》べものだけでなく、あぶらや皮《かわ》といった生活《せいかつ》に必要《ひつよう》なものも得《え》ていた。道具《どうぐ》も使《つか》ったが、えものを追《お》うときは走《はし》った。

いまは走《はし》らなくても生《い》きていける

いまはどうだろう？　信号《しんごう》が変《か》わりそうなときなど、急《いそ》いでいるときは走《はし》るけど、別《べつ》に走《はし》らなくても生活《せいかつ》ができる。車《くるま》や電《でん》車《しゃ》、自転車《じてんしゃ》などの乗《の》りものもあるので、人《ひと》は走《はし》らなくてもいい。

でも、ふしぎなことに、走《はし》らなくなると、逆《ぎゃく》に走《はし》りたくなってしまう。だから人《ひと》は、スポーツとして走《はし》るのかもしれない。

スポーツとして走《はし》る

日常生活《にちじょうせいかつ》で走《はし》ることが減《へ》った現《げん》代人《だいじん》にも、走《はし》りたい気持《きも》ちはある。そのため、スポーツとして走《はし》ることをたのしんでいる。

手紙《てがみ》や荷物《にもつ》などを届《とど》けるために走《はし》る

いまの宅配便《たくはいびん》は、昔《むかし》は飛脚《ひきゃく》と呼《よ》ばれ、駅伝《えきでん》のように何人《なんにん》かで走《はし》って届《とど》けた。江戸《えど》（東《とう》京《きょう》）から京都《きょうと》までを、最速《さいそく》で3日《みっか》で走《はし》ったそうだ。

土《つち》ふまずはある？

みんなの足《あし》のうらには、へこんでいるところ（土《つち》ふまず）があるかな？

この土《つち》ふまずは、運動《うんどう》にとって大事《だいじ》なところ。からだのバランスを保《たも》ったり、バネのように足《あし》にかかる衝撃《しょうげき》をやわらげてくれる。また、瞬発力《しゅんぱつりょく》や持久力《じきゅうりょく》にも大《おお》きな影響《えいきょう》を与《あた》えているのだ。

生《う》まれたての赤《あか》ちゃんには土《つち》ふまずがなく、立《た》って歩《ある》くようになってから、少《すこ》しずつできてくる。

土《つち》ふまずを発達《はったつ》させるためにも、はだし（または底《そこ》のうすいくつ）で歩《ある》いたり走《はし》ったりして、足《あし》のうらの感覚《かんかく》をするどくしよう。

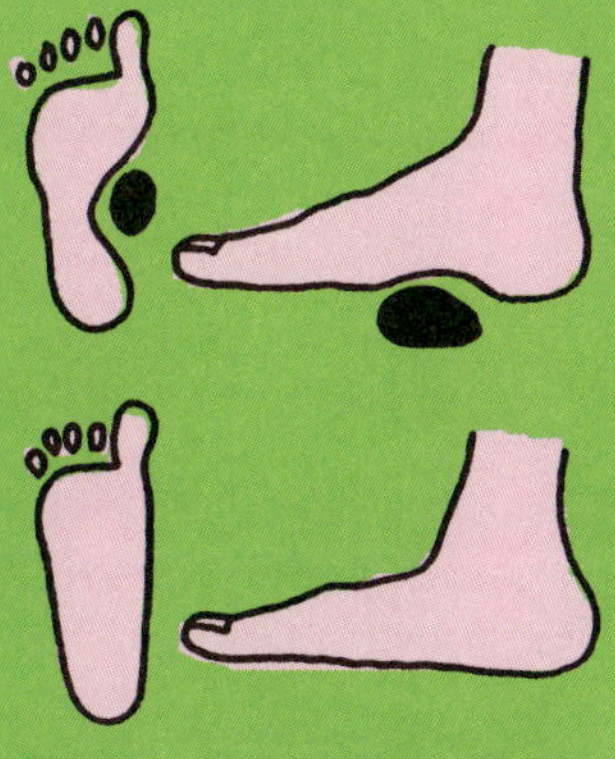

いろんなところを走《はし》ってみる

1 でこぼこなところを走《はし》ってみよう

重心《じゅうしん》が高《たか》いと転《ころ》びやすい。でこぼこなところを走《はし》ると、しぜんとからだは低《ひく》くなる。重心《じゅうしん》をグッと下《さ》げると、転《ころ》ばないように走《はし》ることができる。

2 平均台《へいきんだい》（一本道《いっぽんみち》）を走《はし》ってみよう

足元《あしもと》を見《み》て走《はし》るよりも、前《まえ》を向《む》いて、なにか目標物《もくひょうぶつ》に向《む》かって走《はし》るようにすると、まっすぐに走《はし》りやすくなる。はやく走《はし》るためにも、前《まえ》を見《み》ることが大事《だいじ》だ。

不安定《ふあんてい》なところを走《はし》ると しぜんとからだが低《ひく》くなる

でこぼこしたところを走《はし》ってみよう。公園《こうえん》のなかのでこぼこしているところでもいいし、砂場《すなば》でもいい。可能《かのう》なら、砂浜《すなはま》や山道《やまみち》が理想的《りそうてき》だ。

グラウンドなどの平《たい》らなところを走《はし》るのとは、どうちがうだろうか？

でこぼこしたところを走《はし》ると、転《ころ》びそうに感《かん》じて、からだはしぜんと安定《あんてい》した体勢《たいせい》をとろうとするんだ。

次《つぎ》は、平均台《へいきんだい》の上《うえ》もしくは一本道《いっぽんみち》を走《はし》ってみよう。地面《じめん》にまっすぐの線《せん》を引《ひ》いてもいい。

まっすぐ走《はし》れるだろうか？　どこを見《み》て走《はし》っているだろうか？

足元《あしもと》を見《み》ていると、いがいとまっすぐに走《はし》れないし、はやくも走《はし》れないんじゃないかな。じつは、まっすぐに走《はし》るコツは、前《まえ》を向《む》いて走《はし》ることなんだ。

おもしろい1 走《はし》り方《かた》をする

走《はし》り方《かた》にもいろいろある

走《はし》ると言《い》っても、走《はし》り方《かた》はさまざまだ。急《きゅう》に止《と》まる、急《きゅう》に走《はし》り出《だ》す、また急《きゅう》に方向《ほうこう》を変《か》えて走《はし》ることもある。

実際《じっさい》、多《おお》くのスポーツでは、ただまっすぐ走《はし》るだけでなく、いろんな動《うご》きが求《もと》められる。おにごっこなどの遊《あそ》びでも同《おな》じだ。

ためしに、ジグザグに走《はし》ってみよう。いろいろな動《うご》きをすると、自分《じぶん》のからだの特徴《とくちょう》がわかるし、瞬発力《しゅんぱつりょく》などのすばやさもきたえられる。

ジグザグに走《はし》ってみよう

ジグザグに走《はし》って、急《きゅう》に止《と》まったり、急《きゅう》に走《はし》り出《だ》してみよう。走《はし》る方向《ほうこう》の角度《かくど》を変《か》えたり、スピードを変化《へんか》させてみるのもいい。まっすぐ走《はし》るのとは、からだの使《つか》い方《かた》がちがうだろうか？　方向《ほうこう》を変《か》えるとき、右《みぎ》と左《ひだり》で得意《とくい》・不得意《ふとくい》がないだろうか？　ふんばりやすいほう、走《はし》り出《だ》しやすいほうがあるかもしれない。

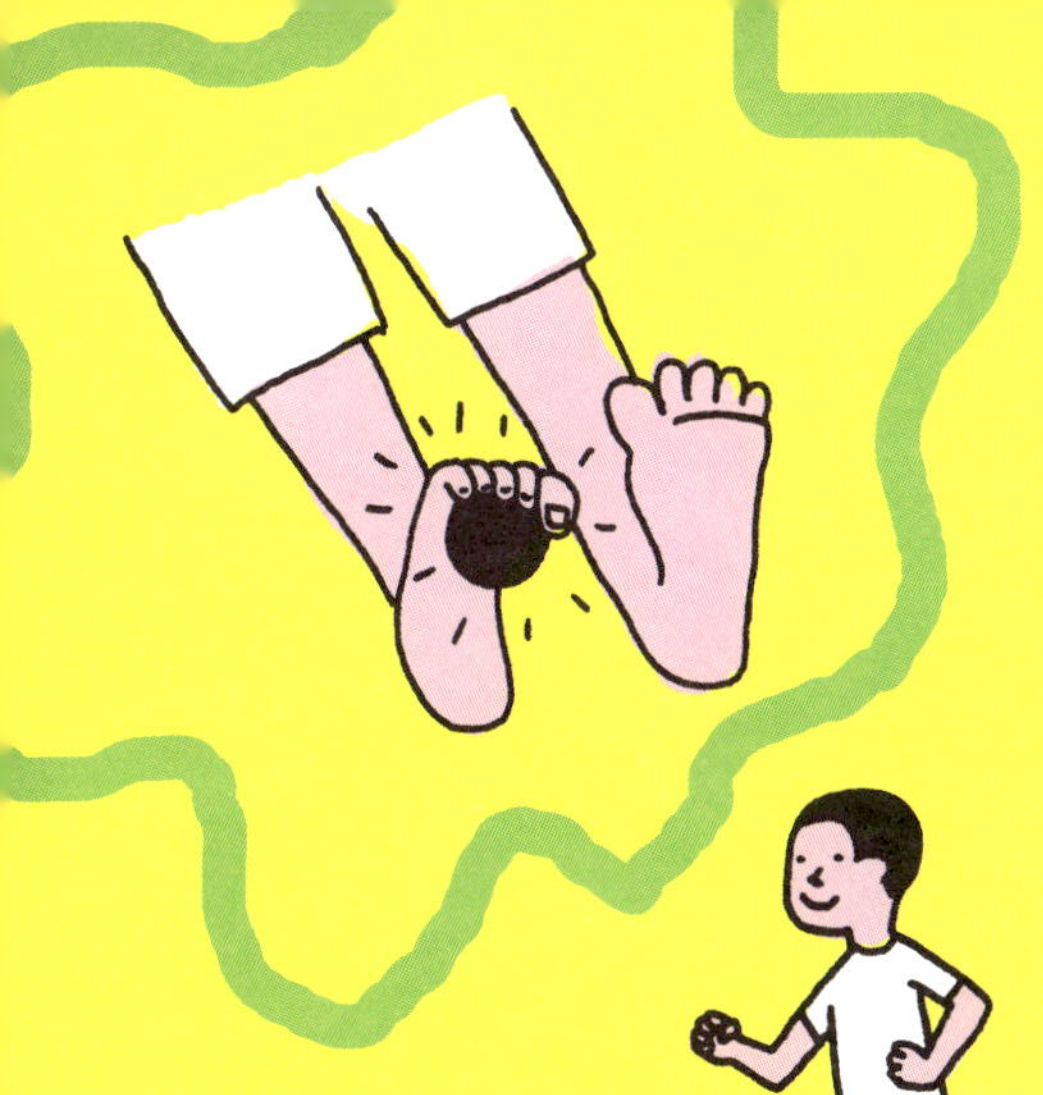

2 つま先《さき》だけで走《はし》ってみよう

今度《こんど》はつま先《さき》だけで走《はし》ってみよう。少《すこ》し前《まえ》かがみになるので、つま先《さき》に力《ちから》が入《はい》るだろう。じつは、足《あし》の指《ゆび》の感覚《かんかく》をきたえると、はやく走《はし》れるようになるのだ。そのためにも、足《あし》の指《ゆび》で地面《じめん》をつかむようにして走《はし》ってみて。小《ちい》さなボールをつかむイメージだ。

3 うしろ向《む》きに走《はし》ってみよう

うしろ向《む》きに走《はし》ると、前《まえ》に走《はし》るときと、どうちがうかな？　ただ走《はし》りにくいだけでなく、使《つか》っているからだの場所《ばしょ》もちがわないだろうか？　きっと、すねのあたりが張《は》っているように感《かん》じると思《おも》う。走《はし》り方《かた》によって、使《つか》っているからだの場所《ばしょ》がちがうことがわかるはずだ。

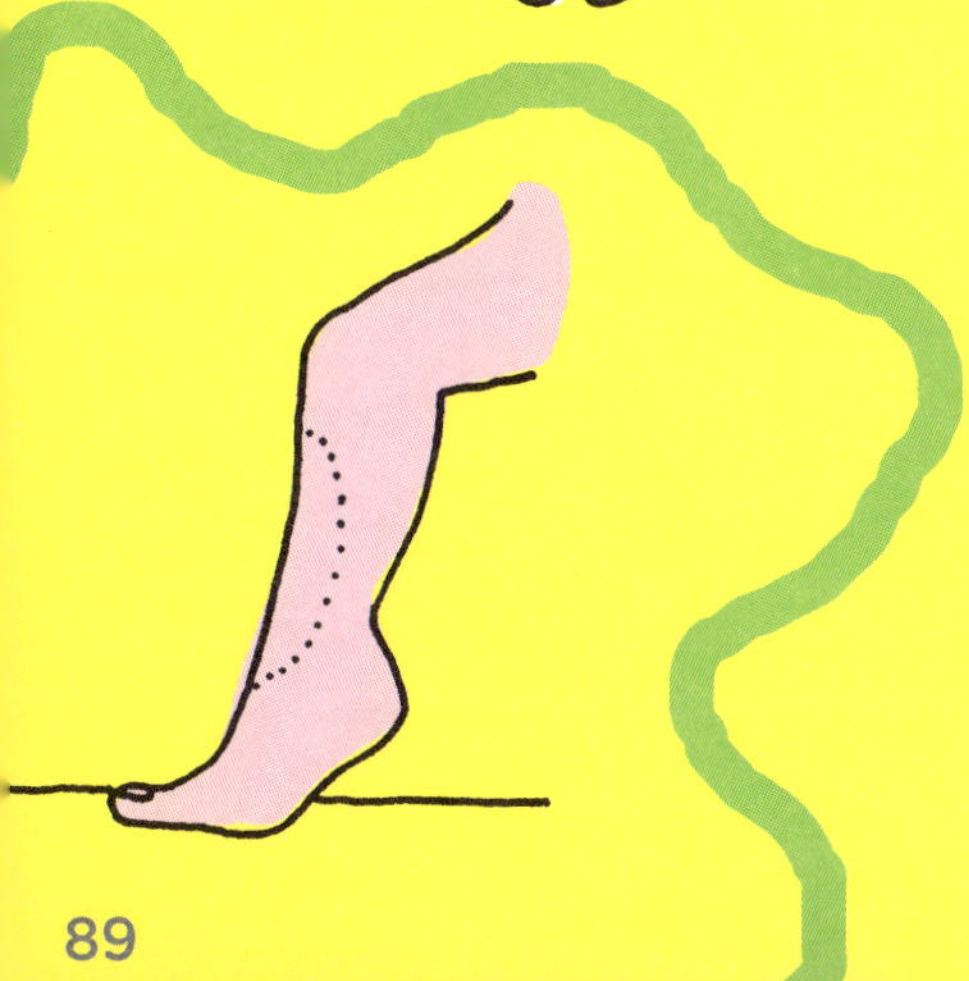

6 走《はし》って遊《あそ》ぶ

どうしたらはやく走《はし》れる？

はやく走《はし》るってどんな感《かん》じ？

たのしく走《はし》るだけじゃなく、やっぱりはやく走《はし》りたい。そう思《おも》うのが正直《しょうじき》な気持《きも》ちだろう。それに、はやく走《はし》れると、もっとたのしくなるはずだ。

はやく走《はし》るためには、まずはやく走《はし》る体験《たいけん》をすること。たとえば、下《くだ》り坂《ざか》を思《おも》いきり走《はし》ってみると、平《たい》らなところよりもはやく走《はし》れる。

下《くだ》り坂《ざか》は、自分《じぶん》が思《おも》っているよりもスピードが出《で》る。すると、転《ころ》ばないように、しぜんと足《あし》が前《まえ》に出《で》るんだ。

その感覚《かんかく》を覚《おぼ》えておいて、今度《こんど》は平《たい》らなところを走《はし》ってみよう。いつもよりはやく走《はし》れるかもしれないよ。

下《くだ》り坂《ざか》を走《はし》ろう

いつも以上《いじょう》にスピードが出《で》る。からだは、転《ころ》ばないように足《あし》を前《まえ》に出《だ》そうとする。はやく走《はし》るためには、その感覚《かんかく》が大事《だいじ》だ。

あまりにも急《きゅう》な坂道《さかみち》は危険《きけん》なので、全力《ぜんりょく》で走《はし》らないように

上《のぼ》り坂《ざか》を走《はし》ろう

上《のぼ》り坂《ざか》を走《はし》るのは大変《たいへん》だ。どうしたら力強《ちからづよ》く走《はし》れるかな？　うでを大《おお》きくふったり、前《まえ》かがみに走《はし》ったり、足《あし》を上《あ》げるなど工夫《くふう》してみよう。

とぶように走《はし》ってみよう

はやく走《はし》るコツのひとつが、とぶように走《はし》ること。ではどうしたらとぶように走《はし》れるのだろう？　地面《じめん》を思《おも》いきりける必要《ひつよう》があるし、太《ふと》ももを大《おお》きく上《あ》げたほうがいい。うではうしろに引《ひ》くように、大《おお》きくふったほうが走《はし》りやすいね。

下《くだ》り坂《ざか》をはやく走《はし》れるのは、からだが前《まえ》にたおれそうになるから。同《おな》じように、平《たい》らなところでも、まっすぐに立《た》った状態《じょうたい》から、からだを前《まえ》にかたむける。そうすると、しぜんと足《あし》が前《まえ》に出《で》る。からだがたおれこもうとする力《ちから》を利用《りよう》すると、はやく走《はし》れる。

走《はし》って遊《あそ》ぶ 6

長《なが》く走《はし》るってたのしい？

1 遠《とお》くまで走《はし》れるうれしさ

自分《じぶん》の足《あし》で、どこまで走《はし》れるのか。目的地《もくてきち》まで走《はし》れるとうれしい。少《すこ》し高《たか》めの目標《もくひょう》を決《き》めて、それをクリアできたときの喜《よろこ》びは、走《はし》ることにおいても同《おな》じだ。気《き》づいたら知《し》らないところまで走《はし》っていた、なんてこともあるかも……。

2 走《はし》りたいときに走《はし》る喜《よろこ》び

理由《りゆう》がなくても、なぜか走《はし》りたい気分《きぶん》のときってないかな？そういうときに思《おも》いきり走《はし》ると気《き》持《も》ちがいいし、もやもやした気分《きぶん》もスッキリする。

長《なが》く走《はし》るのは苦《くる》しいだけではない

はやく走《はし》れるとうれしいし、走《はし》るのがよりたのしくなる。だけど、走《はし》るたのしさは、はやいかどうかだけではない。

ほかにも、いろんなたのしさがある。風《かぜ》を切《き》って気《き》持《も》ちよく走《はし》るのも、息《いき》が切《き》れるくらい全力《ぜんりょく》で走《はし》るのもたのしいものだ。また、長《なが》く走《はし》るのは、ただしんどいだけではない。

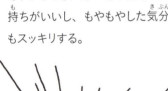

3 ずっと同《おな》じ動《うご》きをする気《き》持《も》ちよさ

たとえば、友《とも》だちと何時間《なんじかん》もキャッチボールをしたり、ボールを落《お》とさずにずっとリフティングができたりすると、気持《きも》ちがいい。

走《はし》るのも同《おな》じ。ずっと走《はし》っているとテンションが上《あ》がってくるし、気持《きも》ちよくもなってくる。これを「ランナーズ・ハイ」と言《い》うよ。

4 いつまでも走《はし》れるたのしさ

無理《むり》のないペースで、リラックスして走《はし》ると、長《なが》い時間《じかん》走《はし》りつづけられる。長《なが》い時間《じかん》走《はし》れると、なんだかうれしい。そのためには、自分《じぶん》と同《おな》じペースの人《ひと》について走《はし》ったり、電柱《でんちゅう》などの目標《もくひょう》をひとつずつクリアしていくのがコツだ。

たとえば、遠《とお》くの目標《もくひょう》まで走《はし》ることができたらうれしいし、ずっと走《はし》っていると、いつの間《ま》にか気持《きも》ちよくもなってくる。

同《おな》じはやさで走《はし》りつづけられることも、長《なが》く走《はし》るたのしさだろう。

遊《あそ》びながら走《はし》る

おにごっこ

オニをひとり決《き》めて、ほかの子《こ》は逃《に》げる。オニにタッチされると、その子《こ》がオニになる。オニが増《ふ》えたり、はじめからオニが何人《なんにん》もいたりするものなど、いろんなルールのものがある。

おにごっこは最高《さいこう》のトレーニング

走《はし》ることはたのしいけれど、やっぱりつらいと思《おも》っている人《ひと》も多《おお》いかもしれない。

でも、わざわざ「走《はし》ろう！」と考《かんが》えなくても、遊《あそ》んでいるときに走《はし》っているんじゃないかな？公園《こうえん》で友《とも》だちとおにごっこをしているとき、放課後《ほうかご》にみんなでサッカーをして遊《あそ》んでいるとき……、きっとかなり走《はし》っているはず。

とくに、おにごっこは、走《はし》ることにとって、最高《さいこう》のトレーニング。まっすぐ走《はし》るだけでなく、急《きゅう》に止《と》まったり、急《きゅう》に走《はし》り出《だ》したりするので、運動《うんどう》で必要《ひつよう》な走《はし》る力《ちから》が、しぜんときたえられるんだ。

缶《かん》けり

かくれんぼの一種《いっしゅ》。地面《じめん》に円《えん》を書《か》いて、中心《ちゅうしん》に缶《かん》を置《お》く。ひとりがその缶《かん》をけると、みんなはかくれる。オニは缶《かん》を元《もと》に戻《もど》し、缶《かん》をけられないように注意《ちゅうい》しながら、かくれている人《ひと》を探《さが》す。もし缶《かん》をけられたら、見《み》つかってしまった人《ひと》も逃《に》げることができる。

たこあげ

風《かぜ》を利用《りよう》して、たこを空《そら》にとばす遊《あそ》び。たこは、木《き》や竹《たけ》、プラスチックなどの骨組《ほねぐ》みに、紙《かみ》や布《ぬの》、ビニールなどをはるだけでつくれる。自分《じぶん》でいろんなたこをつくるのもいいね。

どうしたらたのしく走《はし》れる？

ただ走《はし》るだけでなく、遊《あそ》びのなかでなら、もっとたのしく走《はし》れる。友《とも》だちといっしょなら、さらにたのしくなるよね。

どうしたらたのしく走《はし》れるか、いっしょに考《かんが》えてみよう。

たとえば、たこあげ。かなり走《はし》らないとたこは上《あ》がってくれない。ただ走《はし》るだけよりも、たのしいんじゃないかな？

缶《かん》けりもいいし、忍者《にんじゃ》ごっこをしてもいい。うしろ走《はし》りだけでおにごっこやリレーをしたら、きっとたのしいはず。

走《はし》ることに注目《ちゅうもく》して、自分《じぶん》たちで遊《あそ》びを考《かんが》えてみるのもいいね。

7 ジャンプで遊《あそ》ぶ

うれしいことがあると、思《おも》わずとびはねてしまう。それは、ジャンプそのものがとってもたのしい動《うご》きだから。走《はし》るのと同《おな》じで、ジャンプも運動《うんどう》の基本《きほん》だ。ジャンプのたのしさの秘密《ひみつ》を考《かんが》えながら、たのしく運動《うんどう》するヒントを見《み》つけていこう。

ノミ

人《ひと》やイヌ、ネコなどの動物《どうぶつ》にくっついて生《い》きている昆虫《こんちゅう》。からだの大《おお》きさの100倍《ばい》のきょりをとべるほど、ジャンプ力《りょく》が強《つよ》い。

もし、ものすごくジャンプできたら

どうしてジャンプをするとたのしいんだろう？　まるで空《そら》をとんでいるような感《かん》じがするから？

ノミは、自分《じぶん》のからだの100倍《ばい》もジャンプできるそうだ。もし人《ひと》なら、150メートルもとべることになる。

そんなにとべたら、いったいどんなことができるんだろう？　想《そう》像《ぞう》してみるだけでもたのしいね。

人《ひと》はなぜジャンプするの？

ジャンプできないと生活《せいかつ》できない!?

わたしたちが住《す》んでいる地球《ちきゅう》は、平《たい》らなところばかりではない。段差《だんさ》もあれば、大《おお》きな岩《いわ》が転《ころ》がっていたりもする。高《たか》いところからとびおりることもあるだろうし、ちょっとしたものをとびこえることもある。

もしジャンプができなかったら、どうすればいいのだろう？　ジャンプができないと、あまりはやく走《はし》れそうにもないね。

木《き》の実《み》をとるときも、ジャンプできなければ、簡単《かんたん》にとることはできない。そう、ジャンプは、生活《せいかつ》に欠《か》かせないからだの動《うご》きなんだ。

段差《だんさ》をおりるためにジャンプする

ジャンプが得意《とくい》な動物《どうぶつ》に比《くら》べると、人《ひと》はあまりジャンプができない。だけど、ちょっとした段差《だんさ》くらいであれば、とびおりることができる。

高《たか》いところにあるものをとるためにジャンプする

自分《じぶん》よりも高《たか》いところにある、たとえば木《き》になっている実《み》などをジャンプしてとる。

気《き》持《も》ちがいいのでジャンプする

鳥《とり》のように空《そら》をとべたら、どんなに気《き》持《も》ちいいだろう？　雲《くも》のようにふわふわと宙《ちゅう》を浮《う》いたら、どんなに気《き》持《も》ちいいだろう？

川《かわ》をとびこえるためにジャンプする

小《ちい》さな川《かわ》や水《みず》たまりくらいなら、ジャンプで向《む》こう側《がわ》に行《い》ける。もしジャンプができなければ、びしょぬれになってしまうね。

ジャンプをすると気《き》持《も》ちがいい

ちょっとした段《だん》があると、なぜかジャンプしたくならない？　小《ちい》さな川《かわ》や水《みず》たまり、小《ちい》さな崖《がけ》くらいなら、ジャンプでとびこえられそうだね。「とべそうかな？」と不安《ふあん》に思《おも》いながら、少《すこ》しの勇気《ゆうき》を持《も》ってジャンプする。うまくとべると、わくわくした気《き》持《も》ちにならないかな？

ヘリコプターや飛行機《ひこうき》からとびおりるスカイダイビング、足《あし》をひもで結《むす》んでとびおりるバンジージャンプ。かなり怖《こわ》そうだけど、それをあえてたのしむスポーツもある。

そう、ジャンプすることは、なぜだかたのしいのだ。まるで空《そら》をとんでいるような宙《ちゅう》に浮《う》いた感覚《かんかく》も、ふしぎと気《き》持《も》ちいい。

いろんなジャンプをする

基本《きほん》のジャンプをする

ジャンプには、基本《きほん》の動《うご》きがある。高《たか》いところから「とびおりる」、高《たか》いところに「とびあがる」、そしてなにかを「とびこえる」の3つだ。

「とびおりる」ときは、ジャンプよりも、着地《ちゃくち》のほうが大事《だいじ》。ひざをやわらかく使《つか》うと、高《たか》いところからでもとびおりやすい。

「とびあがる」と「とびこえる」は、地《じ》面《めん》を強《つよ》くけってジャンプするのがポイント。とびあがるときは上《うえ》に向《む》かって、とびこえるときは、遠《とお》くに向《む》かってジャンプする。

とびこえる

遠《とお》くにジャンプする。水《みず》たまりやマンホールなど、身近《みぢか》なものをとびこえてみよう。

とびおりる

着地《ちゃくち》するときは、ひざをバネのようにやわらかくして、足《あし》にかかる衝撃《しょうげき》をひざで吸収《きゅうしゅう》しよう。

とびあがる

地面《じめん》を思《おも》いきりけるイメージ。最初《さいしょ》は低《ひく》いものから、少《すこ》しずつ高《たか》いものにチャレンジしよう。

横《よこ》やうしろにジャンプする

横《よこ》やうしろなど、いろんな方向《ほうこう》にジャンプしてみよう。

横《よこ》にジャンプするとき、右《みぎ》と左《ひだり》でとびやすさにちがいはないかな？　なれてきたら、リズムよく何回《なんかい》もとんでみよう。右《みぎ》と左《ひだり》を順番《じゅんばん》にとんだり、右《みぎ》のほうだけにとんでみたりして、遊《あそ》んでみて。

うしろにとぶと、たおれそうになる。からだのバランスに注意《ちゅうい》しながら、どこまでうしろにとべるかやってみよう。

横《よこ》にジャンプ

何度《なんど》も横《よこ》にジャンプすることで、すばやさをきたえられる。上半身《じょうはんしん》のバランスも大事《だいじ》。

うしろにジャンプ

できるだけ遠《とお》くまでうしろにジャンプしてみよう。どこの筋肉《きんにく》を使《つか》っているだろう？

片足《かたあし》でジャンプ

両足《りょうあし》でジャンプするのと、どうちがうかな？　右足《みぎあし》と左足《ひだりあし》だと、どちらがとびやすいかな？

両足《りょうあし》でジャンプ

立《た》った状態《じょうたい》から両足《りょうあし》でとぶ。うでをふって「いち、に〜の、さん！」とリズムをつけるとびやすいよ。

ヘンテコなジャンプで遊《あそ》ぶ

いろんなジャンプの感覚《かんかく》

ジャンプの方法《ほうほう》を変《か》えてみると、とんでいるときの感覚《かんかく》がちがってくるよ。

たとえば、両手《りょうて》を上《あ》げてひざを伸《の》ばしたままジャンプをしてみたり、ひざをかかえてジャンプをしてみたりなど、手《て》や足《あし》の動《うご》きを変《か》えて、いろんなジャンプをしてみよう。

ひざを伸《の》ばしたままよりも、ひざをかかえるほうがジャンプしやすいかもしれないし、空中《くうちゅう》でのバランスもいいかもしれないね。

また、少《すこ》しでも長《なが》く空中《くうちゅう》にいられるように、ジャンプしてみよう。ぎりぎりまで着地《ちゃくち》しないようにすると、からだの動《うご》きも変《か》わるかな？

1 ひざを伸《の》ばしてジャンプする

まっすぐ立《た》った状態《じょうたい》から、ひざを曲《ま》げずにジャンプをする。ひざを使《つか》えないと、あまりとべない。

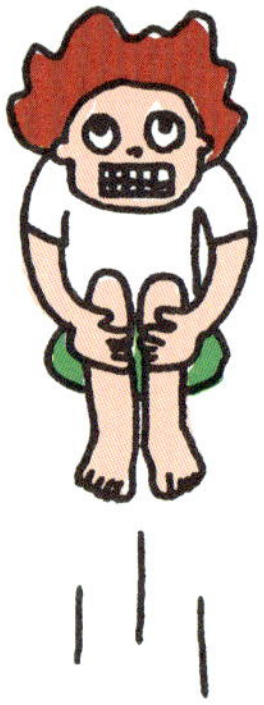

2 ひざをかかえてジャンプする

少《すこ》しでも長《なが》く空中《くうちゅう》にいるようにすると、ひざをかかえるようなジャンプになる。

3 回転《かいてん》しながらジャンプする

回転《かいてん》（ひねり）の動《うご》きが加《くわ》わると、からだのバランスを保《たも》つのがむずかしい。

4 足《あし》を前後《ぜんご》に開《ひら》いてジャンプする

足《あし》を前後《ぜんご》に開《ひら》いて、上《うえ》や前《まえ》にジャンプしてみよう。それだけでおもしろい動《うご》きになる。

5 足《あし》を左右《さゆう》に開《ひら》いてジャンプする

思《おも》いきり足《あし》を開《ひら》いてとぶ。からだがやわらかい人《ひと》は、両足《りょうあし》のつま先《さき》を手《て》でタッチできるかも。

6 からだを反《そ》らしてジャンプする

まるでイルカになったようにジャンプをする。なにかをイメージしてとぶのもいいね。

おもしろいジャンプを考《かんが》える

今度《こんど》は、ジャンプをしながら回《かい》転《てん》してみよう。半回転《はんかいてん》なら簡単《かんたん》だけど、一回転《いっかいてん》はむずかしいんじゃないかな。回転《かいてん》が多《おお》くなるほど、からだのバランスが悪《わる》くなって、着《ちゃく》地《ち》がむずかしくなる。

ほかにも、両足《りょうあし》を左右《さゆう》と前後《ぜんご》に大《おお》きく広《ひろ》げてジャンプするのもおもしろい。何度《なんど》も連続《れんぞく》してジャンプしてみてもいいね。

また、なにかをイメージしてジャンプしてみよう。たとえば、イルカのようにからだを反《そ》らしてジャンプしてみたり、鳥《とり》のように両手《りょうて》を広《ひろ》げてはばたきながらジャンプするのもおもしろい。

自分《じぶん》でいろんなジャンプを考《かんが》えるのも、たのしいかもしれないよ。

遊《あそ》びながらジャンプする

なわとび

1回《かい》のジャンプでなわを2回《かい》まわす「二重《にじゅう》とび」。なわを交差《こうさ》する「交差《こうさ》とび」、うしろまわしでとぶ「うしろとび」など、いろんなとび方《かた》にチャレンジしよう。

大《おお》なわとび

みんなでいっしょにとんだり、ひとりずつとんだりする。だれかがなわに引《ひ》っかかっても責《せ》めないようにして遊《あそ》ぼう。

外《そと》で遊《あそ》ぶことでしぜんとジャンプしている

校庭《こうてい》や公園《こうえん》などで遊《あそ》んでいると、たくさんとんだり、はねたりしているんじゃない？

おにごっこにしても、ただ走《はし》るだけでなく、とびおりたり、とびあがったり、とびこえたりしているはず。

遊《あそ》びのなかには、ジャンプをするものも多《おお》いよね。なわとびや大《おお》なわとびは、まさにジャンプをする遊《あそ》び。「ゴムとび」という遊《あそ》びもある。

おにごっこから進《しん》化《か》した「たかおに」は、高《たか》いところにいると、おににつかまらないので、しぜんとジャンプをしているはずだ。

ゴムとび

人《ひと》のからだ、電柱《でんちゅう》、木《き》などにゴムを張《は》って、歌《うた》に合《あ》わせて足《あし》にゴムをかけたり、ねじったりしながらとぶ遊《あそ》び。段《だん》とびとも言《い》う。

ホッピング

平安時代《へいあんじだい》のころから、「高足《たかあし》」と呼《よ》ばれる木《き》の棒《ぼう》に乗《の》ってとびはねる遊《あそ》びがあった。足元《あしもと》がバネになったホッピングは、その進化《しんか》版《ばん》で、一時期《いちじき》はやった遊《あそ》び。

馬《うま》とび

人《ひと》がしゃがんで馬《うま》になり、その背《せ》中《なか》の上《うえ》をとび箱《ばこ》のようにとぶ。連《れん》続《ぞく》してとんだり、いちばん目《め》の馬《うま》役《やく》の子《こ》が次《つぎ》にとんだりなど、みんなでたのしく遊《あそ》べる。

たかおに

基本《きほん》はおにごっこと同《おな》じだが、高《たか》いところにいると、子《こ》はオニにつかまらないというルールを追加《ついか》した遊《あそ》び。

ひとりが上体《じょうたい》を前《まえ》にかがめて馬《うま》になり、その上《うえ》に手《て》をついてとぶ「馬《うま》とび」もある。連《れん》続《ぞく》してとぶとおもしろいし、とび箱《ばこ》の練習《れんしゅう》にもなる。

わたしたちは、遊《あそ》びのなかだけでも、たくさんジャンプをしているし、とぶ力《ちから》をきたえることができる。ただジャンプするだけでなく、いろんな遊《あそ》びのなかでのからだの動《うご》きを大切《たいせつ》にしてほしい。

どうしたら高《たか》くジャンプできる？

ネコのようにジャンプする

より高《たか》くジャンプするためには
どうすればいいのだろう？
ネコは、自分《じぶん》のからだの長《なが》さの5倍《ばい》もジャンプできるらしい。軽《かろ》やかに高《たか》くジャンプするネコってすごいよね。

なぜネコは、そんなにジャンプできるのだろう？　その理由《りゆう》がわかれば、わたしたちもネコほどじゃなくても、高《たか》くジャンプできるかもしれない。

まねできそうなポイントは3つ。姿勢《しせい》を低《ひく》くすること、うしろ足《あし》をギュッと伸《の》ばすこと、そして背中《せなか》の力《ちから》を利用《りよう》することだ。

ためしてみよう

ネコのジャンプをまねしてみよう

まずは、とぶ前《まえ》に低《ひく》い姿勢《しせい》になる。あまり低《ひく》くなりすぎると、逆《ぎゃく》にとびにくくなるので、ジャンプしやすいところを自分《じぶん》で見《み》つけよう。

ジャンプするとき、うでの力《ちから》も利用《りよう》する。うでを大《おお》きくうしろにふってしゃがみ、うでを上《うえ》にふり上《あ》げるようにしてジャンプしてみよう。

背中《せなか》の力《ちから》を有効《ゆうこう》に使《つか》うために、背中《せなか》を反《そ》らせてジャンプする。

これで、「ネコジャンプ」の完成《かんせい》だ。高《たか》くとべたかな？

1 低《ひく》い姿勢《しせい》になり、うでを大《おお》きくふる

ひざの力《ちから》を抜《ぬ》くようにしゃがむ。うでを大《おお》きくふって、その反動《はんどう》を利用《りよう》して上《うえ》にジャンプする。

2 足《あし》を思《おも》いきり伸《の》ばす

ジャンプするとき、ネコのように、曲《ま》げたひざを一気《いっき》に伸《の》ばすようにする。

3 背中《せなか》を反《そ》らせる

ネコみたいに背中《せなか》が反《そ》るようにジャンプする。背中《せなか》の力《ちから》（背筋《はいきん》）を利用《りよう》すれば、より高《たか》くとべる。

7 ジャンプで遊《あそ》ぶ

3回《かい》でどこまでジャンプできる？

連続《れんぞく》ジャンプにチャレンジしよう

「立《た》ち三段《さんだん》とび」って知《し》っている？「ホップ・ステップ・ジャンプ」だったら知《し》っている人《ひと》も多《おお》いんじゃないかな？

そう、立《た》ち三段《さんだん》とびとは、立《た》った状《じょう》態《たい》から、ホップ・ステップ・ジャンプで3回《かい》連続《れんぞく》でジャンプすることだ。

連続《れんぞく》してジャンプするのって、思《おも》っているよりもむずかしい。着地《ちゃくち》した足《あし》で、すぐにジャンプしないといけないから。

みんなは、うまくできるかな？ ちょっとためしてみよう。

1 ホップ

最初《さいしょ》は両足《りょうあし》でジャンプ。うでを大《おお》きくふって、いきおいとリズムをつけてとぼう。

2 ステップ

片方《かたほう》の足《あし》で着地《ちゃくち》して、その足《あし》で2回目《かいめ》のジャンプ。ひざをバネのようにやわらかく使《つか》おう。

ひざを使《つか》って、リズムよくとぶ

連続《れんぞく》してジャンプするときに大切《たいせつ》なのは、リズムよくとぶこと。リズムがよくないと、着地《ちゃくち》からすぐにジャンプができないんだ。「ホップ・ステップ・ジャンプ」と声《こえ》を出《だ》しながらとぶと、リズムよくとべる。

また、ひざをやわらかく使《つか》うことも大事《だいじ》だ。そうすれば、リズムよく連続《れんぞく》してとべるようになるよ。

3回《かい》のジャンプで、どのくらい遠《とお》くまでとべるかチャレンジしてみよう。

3 ジャンプ

もう片方《かたほう》の足《あし》で着地《ちゃくち》して、その足《あし》で最後《さいご》のジャンプ。より遠《とお》くにとんで、両足《りょうあし》で着地《ちゃくち》しよう。

足指《あしゆび》ジャンケンをしてみよう

はやく走《はし》ったり、高《たか》く遠《とお》くにジャンプしたりするためには、足《あし》の指《ゆび》の力《ちから》が重要《じゅうよう》だ。でも、いつもくつをはいていることで、あまり足《あし》の指《ゆび》を使《つか》えていないかもしれない。そこで、友《とも》だちと足指《あしゆび》ジャンケンをしてみよう（もちろん、ひとりでグー・チョキ・パーとやってもいいよ）。意識的《いしきてき》に足《あし》の指《ゆび》を動《うご》かすことで、足《あし》の指《ゆび》の力《ちから》が目《め》覚《ざ》めてくるんだ。

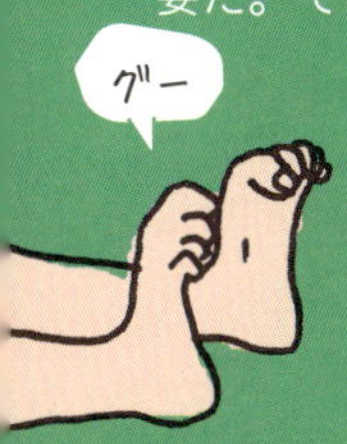

そのあとでジャンプをしてみると、さっきよりも高《たか》くとべるはずだ。

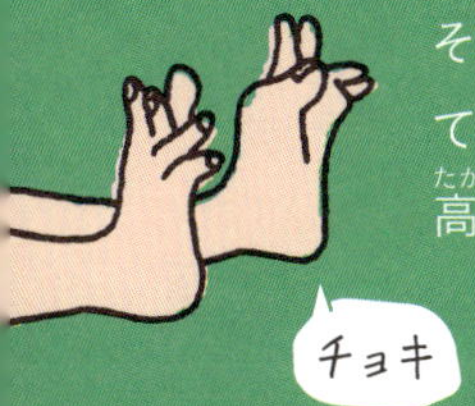

走《はし》ってジャンプする

片足《かたあし》でジャンプ

両足《りょうあし》でジャンプ

とび箱《ばこ》をとぶ

ジャンプのタイミングに気《き》をつけよう

走《はし》っていきおいをつけると、遠《とお》くまでとべる。でも、はやく走《はし》りすぎると、逆《ぎゃく》にジャンプのタイミングがむずかしいよね。

まずは、近《ちか》いきょりからゆっくり助走《じょそう》をつけてとんでみよう。少《すこ》しずつ助走《じょそう》のきょりを長《なが》くして、スピードもはやくしていくといい。

そのときに大切《たいせつ》なのは、やっぱりリズム。「いち・に・いち・に」とリズムをとって走《はし》り、「いち・にのさん」でジャンプをする。少《すこ》し胸《むね》を張《は》るように上半身《じょうはんしん》を起《お》こしてジャンプすると遠《とお》くにとべるよ。

片足《かたあし》でジャンプしてみたら、次《つぎ》は両足《りょうあし》でジャンプしてみよう。助走《じょそう》をつけて両足《りょうあし》でとぶのはむずかしいけど、とび箱《ばこ》の練習《れんしゅう》にもなるんだ。

助走《じょそう》をつけてジャンプするときのポイントは、「はやく走《はし》りすぎない」「リズムよく」「前《まえ》かがみにならない」の3つ。右足《みぎあし》と左足《ひだりあし》、どちらでふみ切《き》るほうが遠《とお》くにとべるかもためしてみよう。

助走《じょそう》をつけてジャンプするとき、片足《かたあし》よりも両足《りょうあし》のほうが、ジャンプのタイミングがむずかしい。大《おお》きくジャンプする前《まえ》に片足《かたあし》で小さくジャンプして両足《りょうあし》で着地《ちゃくち》し、そのまま両足《りょうあし》でジャンプしてみるといい。

ふみ切《き》るときに助走《じょそう》のスピードをゆるめないのがポイント。「両足《りょうあし》でジャンプ」と同《おな》じようにとんでみよう。手《て》はなるべくとび箱《ばこ》の前《まえ》のほうにつくといいよ。

8 ボールで

ボールがあるだけで、
運動《うんどう》は、グッとおもしろくなる。
ボールを投《な》げたり、
けったりするだけでも
たのしいし、敵《てき》と味方《みかた》に分《わ》かれて、
ゲームをすることもできる。
そう、ボールがあれば、
遊《あそ》びの世界《せかい》が広《ひろ》がるんだ。

遊《あそ》ぶ

ボールがあると、いろんな遊《あそ》びができる

みんなはボールで遊《あそ》ぶのは好《す》き？
サッカーや野球《やきゅう》が好《す》きな子《こ》もいるだろうし、
バレーボールやドッジボールが大好《だいす》きな子《こ》もいると思《おも》う。
ただ走《はし》るより、ボールを追《お》いかけて走《はし》るほうがたのしいし、
点数《てんすう》を入《い》れるゲームのほうがおもしろいよね。
でも、ボール遊《あそ》びが苦手《にがて》な人《ひと》もいるのでは？
どうすればボールと友《とも》だちになれるのか、いっしょに考《かんが》えていこう。

いろんな投《な》げ方《かた》をする

ボールによって投《な》げやすさがちがう?

ボールを投《な》げると言《い》っても、いろんな投《な》げ方《かた》があるよね。上《うえ》から投《な》げたり、横《よこ》から投《な》げたり、下《した》から投《な》げたりするだけでも、まるでちがう。上《うえ》からだと強《つよ》く投《な》げられるけど、下《した》から投《な》げるほうがコントロールはいいかもしれない。

回転《かいてん》しながら投《な》げたりしてもおもしろいね。

いろんなボールをいろんな方法《ほうほう》で投《な》げてみよう。ドッジボールやバレーボールのような大《おお》きなボールは、どう投《な》げるといいだろう? ソフトボールくらいの大《おお》きさなら、上《うえ》から投《な》げるほうがいいかな?

1 上《うえ》から投《な》げる

上《うえ》から投《な》げると、強《つよ》く遠《とお》くまで投《な》げられる。でも、ボールが大《おお》きいと投《な》げにくいし、ねらったところに投《な》げるのはむずかしい。

2 横《よこ》から投《な》げる

上《うえ》から投《な》げるよりも、コントロールがむずかしいかも。ただ、大《おお》きなボールでも、うでにまきつけるように投《な》げることもできるね。

3 下《した》から投《な》げる

あまり強《つよ》く投《な》げられないけど、ねらったところに投《な》げやすい。ボールを転《ころ》がすように投《な》げるのもおもしろい。

大《おお》きいボールを投《な》げるには？

1 手首《てくび》と指《ゆび》を立《た》てる

手首《てくび》と指《ゆび》をねかせるように曲《ま》げると、こするような投《な》げ方《かた》になって、強《つよ》いボールを投《な》げられない。手首《てくび》と指《ゆび》を立《た》てて、力《ちから》をボールに伝《つた》えるようにする。いきおいよく投《な》げると、ボールは落《お》ちない。

2 押《お》し出《だ》すように投《な》げる

手首《てくび》と指《ゆび》を立《た》てたまま、ボールを押《お》し出《だ》すように投《な》げると、ボールを強《つよ》くまっすぐに投《な》げることができるよ。

片手《かたて》でにぎれないくらい大《おお》きなボールを投《な》げるのは、ちょっとむずかしい。ドッジボールでうまく投《な》げられない人《ひと》も多《おお》いだろうし、両《りょう》手《て》で投《な》げてしまう人《ひと》もいるんじゃないかな。

ボールを強《つよ》く投《な》げるためには、ボールに力《ちから》をうまく伝《つた》えることが重《じゅう》要《よう》だ。とくに上《うえ》から投《な》げるときは、手首《てくび》と指《ゆび》に注目《ちゅうもく》してみよう。

どうしたらボールをうまく投《な》げられる？

寝転《ねころ》がってボールを上《うえ》に投《な》げる

まっすぐに投《な》げないと、自分《じぶん》のところにボールが返《かえ》ってこない。何回続《なんかいつづ》けて返《かえ》ってくるか、チャレンジしてみるのもいいね。

ゴミ箱《ばこ》に紙《かみ》くずを投《な》げる

ちょっとズボラに見《み》えるけど、紙《かみ》くずを投《な》げてゴミ箱《ばこ》に入《い》れる。ゴミ箱《ばこ》までのきょりに気《き》をつけてコントロールをきたえよう。

ねらったところに投《な》げられるようになろう

キャッチボールで、相手《あいて》がとれないようなところに投《な》げてしまった。そんなことってよくあるよね。

どうしたら、ねらったところに投《な》げられるようになるんだろう？

たとえば、ゴミ箱《ばこ》に紙《かみ》くずを投《な》げてみよう。10回《かい》投《な》げて何回《なんかい》入《はい》るか、ためしてみて。くり返《かえ》し遊《あそ》んでいるうちに、コントロールがよくなり、入《はい》る回数《かいすう》も増《ふ》えるはず。

また、寝転《ねころ》がって、ボールを真上《まうえ》に投《な》げてみるのもいい。まっすぐ投《な》げられたら、自分《じぶん》のところにボールは返《かえ》ってくる。

うしろのボールをとりながら投《な》げる

うしろにあるボールをからだをひねってとり、そのままの流《なが》れでボールを投《な》げる。ボールをとるときは、足《あし》の位置《いち》を動《うご》かさないように。

ボールを強《つよ》く投《な》げられるようになろう

手《て》の力《ちから》だけで投《な》げると、あまり強《つよ》いボールが投《な》げられない。でも、からだ全体《ぜんたい》を使《つか》って投《な》げると、ボールを強《つよ》く投《な》げられる。

そのときに大事《だいじ》なのが、肩甲骨《けんこうこつ》を使《つか》って投《な》げること。67ページでも見《み》たように、うでは肩甲骨《けんこうこつ》からはじまっている。胸《むね》を張《は》るように肩甲骨《けんこうこつ》を引《ひ》き、胸《むね》を突《つ》き出《だ》すようにして、うでをふって投《な》げる。

ちょっとむずかしそう？　でも大丈夫《だいじょうぶ》。上《うえ》の絵《え》のように、うしろにあるボールをとって、回転《かいてん》しながら投《な》げると、しぜんと肩甲骨《けんこうこつ》を使《つか》って投《な》げられるようになるよ。

うしろを向《む》くとき、足《あし》の位置《いち》を動《うご》かさずに、からだをひねるのがポイントだ。

いろんなけり方《かた》をする

足《あし》のいろんな場所《ばしょ》でボールをける

特別《とくべつ》な理由《りゆう》がないかぎり、足《あし》で字《じ》を書《か》いたり、足《あし》でごはんを食《た》べたりはしない。手《て》とはちがい、わたしたちは足《あし》で細《こま》かい動《うご》きをせずに生活《せいかつ》している。手《て》でボールを投《な》げるよりも、足《あし》でボールをけるほうがむずかしいのは、そのためでもあるんだ。

だから、まずはボールを足《あし》で扱《あつか》うのになれることからはじめよう。

たとえば、足《あし》のいろんなところで、ボールをけってみるといい。足《あし》の甲《こう》、足《あし》の内側《うちがわ》や外側《そとがわ》、つま先《さき》やかかとでボールをけって遊《あそ》んでみよう。

足《あし》首《くび》を固《かた》めて 足《あし》の甲《こう》でける

ボールをけるとき、どこにボールが当《あ》たったかに注目《ちゅうもく》してみよう。

足《あし》の内側《うちがわ》でければ、まっすぐにボールが転《ころ》がる。つま先《さき》に近《ちか》いところと足首《あしくび》あたりでは、けりやすさがちがうんじゃないかな？

ボールを強《つよ》くけるためには、足《あし》のどこでけったらいいのだろう？

たとえば野球《やきゅう》で、ボールをバットで打《う》つとき、やわらかいバットよりもかたいバットのほうが強《つよ》く打《う》つことができる。

同《おな》じように、足首《あしくび》を固《かた》くして、足《あし》のかたいところでけってみよう。

ボールを強《つよ》くけるためには

足《あし》の甲《こう》の骨《ほね》が少《すこ》しでっぱっているところ（親指《おやゆび》の付《つ》け根《ね》と足首《あしくび》のあいだ）でけると、ボールを強《つよ》くけれる。また、足《あし》がボールに当《あ》たるとき、足首《あしくび》をグッと固《かた》めると、強《つよ》くて正確《せいかく》なキックができる。

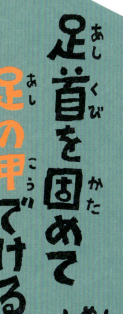

どうしたらボールを強《つよ》くけれる？

ボールの中心《ちゅうしん》をけろう

ボールを強《つよ》くけるためには、ける場所《ばしょ》が大切《たいせつ》だ。

ボールの上《うえ》のほうや下《した》のほう、そして右《みぎ》のほうや左《ひだり》のほうもけってみよう。どこをければ、どんなボールがとんでいくか、いろいろとためしてみて。

ボールを強《つよ》くけるためのひけつは、ボールの中心《ちゅうしん》をけること。足《あし》の甲《こう》のかたいところで、ボールの真《ま》ん中《なか》をけるんだ。

中心《ちゅうしん》はどこ？

どんなものにも中心《ちゅうしん》がある。身近《みぢか》なもので中心《ちゅうしん》がどこかを探《さが》してみよう。

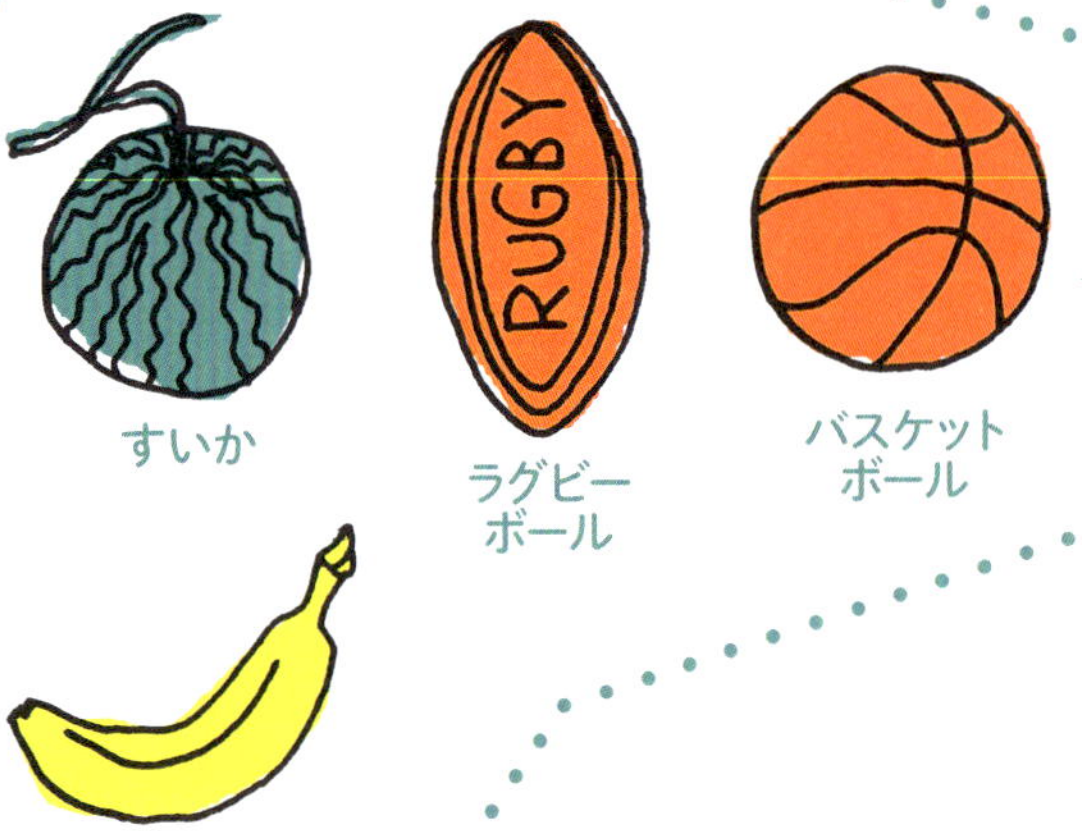

ボールをけり合《あ》って遊《あそ》ぶ

友《とも》だちとボールをけり合《あ》って遊《あそ》ぼう。何《なん》回《かい》もボールをけって、どうすれば強《つよ》いボールになるか、自分《じぶん》でためしてみて。

リフティングをする

ボールの中心《ちゅうしん》をける練習《れんしゅう》にいいのがリフティング。中心《ちゅうしん》をけらないと、変《へん》なところにボールがとんでいってしまうよ。

いきおいをつけてける

いきおいをつけたほうが、より ボールを強《つよ》くけれるし、遠《とお》くまでとばせる。

でも、どうすればいきおいをつけてけれるんだろう？

助走《じょそう》をつけてけるのもいいね。ちょっと走《はし》ってけるだけでも、ボールを強《つよ》くけれるはず。

もうひとつは、足《あし》を大《おお》きくふってけること。そのとき、ひざの下《した》からではなく、足《あし》の付《つ》け根《ね》の股関節《こかんせつ》から大《おお》きくふってみよう。足《あし》をまるでふり子《こ》のようにして、股関《こかん》節《せつ》を開《ひら》くようなイメージだ。

足《あし》を大《おお》きくふってける

1 足《あし》を大《おお》きくふる

地面《じめん》についている足《あし》は動《うご》かさない。ける足《あし》は股関節《こかんせつ》を開《ひら》くイメージ。

2 足首《あしくび》は固《かた》める

ける瞬間《しゅんかん》は、足首《あしくび》を固《かた》める。そのとき、股関節《こかんせつ》は閉《と》じるイメージ。

3 ボールをけり出《だ》す

押《お》し出《だ》すようにボールをける。足《あし》を大《おお》きくふり切《き》るようにしよう。

どうしたらボールをうまくとれる？

いろんなとり方《かた》をする

ドッジボールや野球《やきゅう》、サッカーをすると、ボールをうまくとれないことも多《おお》いのでは？ボールを投《な》げたりけったりするよりも、キャッチするほうがいがいとむずかしかったりする。

正面《しょうめん》にきたボールなら、胸《むね》でガッチリとキャッチすればいい。だけど、ちょっとそれたボールはどうとればいいんだろう？

友《とも》だちにいろんなところに投《な》げてもらいながら、どうすればキャッチしやすいか、ためしてみよう。

また、ジャンプしてとったり、走《はし》りながらとったり、片手《かたて》でとったりなど、いろんなとり方《かた》にチャレンジしてみるのもいいね。

ボールをとれる範囲《はんい》がわかる？

何度《なんど》もキャッチボールをしていると、ボールをとれる範囲《はんい》がだんだんとわかってくる。「これならとれる！」「これはムリ！」といった、とれるかとれないかの判断《はんだん》がするどくなるんだ。

ちなみに、サッカーのゴールキーパーは、うしろを見《み》なくてもゴールの範囲《はんい》が感覚的《かんかくてき》にわかっているそうだ。何度《なんど》も練習《れんしゅう》しているから、どこまでがゴールかの感覚《かんかく》がするどくなっているんだね。

ボールをとるときは指《ゆび》の向《む》きを意識《いしき》する

上《うえ》のほうや下《した》のほう、右《みぎ》や左《ひだり》、あちこちにボールを投《な》げてもらい、キャッチする練習《れんしゅう》をしよう。そのとき、手《て》の指《ゆび》の向《む》きに注意《ちゅうい》してみて。自分《じぶん》の胸《むね》よりも下《した》のボールは、指《ゆび》を下《した》に向《む》けてとる。胸《むね》よりも上《うえ》のボールは、指《ゆび》を上《うえ》に向《む》けると、とりやすい。投《な》げる人《ひと》にとっては、コントロールの練習《れんしゅう》にもなる。

いろんなボール遊《あそ》び

ボールがあれば いろんな遊《あそ》びができる

ボールを使《つか》う遊《あそ》びは、小《ちい》さいボールから大《おお》きいボールを使《つか》うものまで、遊《あそ》び方《かた》もたくさんある。みんなもいろんな遊《あそ》びを知《し》っているんじゃない？

「おにごっこ」でオニが子《こ》にタッチするかわりに、オニがボールを投《な》げて子《こ》にあてる「バラあて」という遊《あそ》びもある。ドッジボールくらいのボールを股《また》のあいだから投《な》げてキャッチボールをする「まったん」(ボールをとれなかったら負《ま》け。変《か》わったとり方《かた》をしたら相手《あいて》に近《ちか》づける)というのもあるよ。

自分《じぶん》たちでルールを変《か》えながら、いろんな遊《あそ》びをしてみよう。

がんばこ

地面《じめん》に「田《た》」の字《じ》を書《か》いて、4つのエリア(天《てん》、大《だい》、中《ちゅう》、小《しょう》の順《じゅん》)にひとりずつ入《はい》る。天《てん》の人《ひと》が、まず自分《じぶん》のエリアにワンバウンドさせてから、相手《あいて》のエリアにボールを入《い》れる。ボールを返《かえ》せなかったら負《ま》け。負《ま》けた人《ひと》は、ひとつ下《した》のエリアに移動《いどう》する。地域《ちいき》によっては「大学《だいがく》おとし」「天下《てんか》おとし」「元大中《げんだいちゅう》小《しょう》」とも呼《よ》ばれている。

けまり

(みんなでリフティング)

平安時代《へいあんじだい》に流行《りゅうこう》した球技《きゅうぎ》。シカの革《かわ》でつくられた「まり」を数人《すうにん》でけり上《あ》げ、地面《じめん》に落《お》とさずに何回《なんかい》けりつづけられるかを競《きそ》う。みんなは、まりのかわりにボールを使《つか》って遊《あそ》んでみよう。

ろくむし（ろっくん）

10～20メートルはなれた地面《じめん》に丸《まる》を書《か》いて2つの陣地《じんち》をつくる。2人《ふたり》のオニがやわらかくて小《ちい》さいボールでキャッチボールをする。そのあいだに、子《こ》は陣地《じんち》を行《い》き来《き》する。オニが子《こ》にボールを当《あ》てるとアウトになるが、陣地《じんち》にいるときはアウトにならない。子《こ》が6往復《おうふく》できたら子《こ》の勝《か》ち。子《こ》が全員《ぜんいん》アウトになったらオニの勝《か》ち。

雪《ゆき》がっせん

雪《ゆき》を丸《まる》めて投《な》げ合《あ》う冬《ふゆ》の遊《あそ》び。じつは、世界大会《せかいたいかい》もあるので、正式《せいしき》なルールもある。でも、そんなことは気《き》にせず、雪《ゆき》を丸《まる》めて、相手《あいて》に当《あ》てて遊《あそ》ぼう。敵《てき》と味方《みかた》に分《わ》かれてもいい。勝《か》ち負《ま》けはわかりにくいけど、ただ雪《ゆき》を投《な》げたり、当《あ》てられたりするだけでもたのしいはずだ。

フットサル

通常《つうじょう》は5人《にん》で行《おこな》うミニサッカー。普通《ふつう》のサッカーよりも狭《せま》いコートでゴールも小《ちい》さい。何度《なんど》も交代《こうたい》できたり、ボールがコートを出《で》たときはキックからはじめるなどのちがいがある。細《こま》かいルールは気《き》にせずに、気軽《きがる》にサッカーをたのしもう。

世界《せかい》のユニークな球技《きゅうぎ》

ボールを使《つか》ったスポーツが世界《せかい》にはいっぱいある

世界《せかい》には、わたしたちがあまり見《み》かけないおもしろい球技《きゅうぎ》がある。昔《むかし》から親《した》しまれている伝統的《でんとうてき》なスポーツもあれば、最《さい》近《きん》生《う》まれたニュースポーツと呼《よ》ばれるものもある。

ここでは、エジプトで生《う》まれたラケット競技《きょうぎ》「スピードボール」、東南《とうなん》アジア各《かく》地《ち》で昔《むかし》から行《おこな》われている「セパタクロー」、イギリス南部《なんぶ》で誕生《たんじょう》した紳士《しんし》のスポーツ「クリケット」、フランス生《う》まれの「ペタンク」を紹介《しょうかい》しよう。

詳《くわ》しいルールまでは説明《せつめい》できないけれど、いろんな球技《きゅうぎ》があることを知《し》ってもらえるとうれしい。

エジプト

スピードボール

金属《きんぞく》の棒《ぼう》の先《さき》にひもがついたゴムボールをラケットで打《う》ち合《あ》う競技《きょうぎ》。相手《あいて》が打《う》ったボールが2回転《かいてん》するまでに反対方向《はんたいほうこう》に打《う》ち返《かえ》す。相手《あいて》が打《う》ち返《かえ》せなかったら得点《とくてん》になる。先《さき》に10点《てん》とったほうが勝《か》ち。

東南《とうなん》
アジア

セパタクロー

3人《にん》でチームを組《く》み、相手《あいて》チームと対戦《たいせん》する。基本的《きほんてき》なルールはバレーボールと同《おな》じで、3回以内《かいいない》に相手《あいて》のコートにボールを返《かえ》す。ただし、手《て》やうでを使《つか》わずに、足《あし》と頭《あたま》を使《つか》って行《おこな》う。ひとりで3回《かい》つづけてけってもいい。相手《あいて》がボールを返《かえ》せなかったら得点《とくてん》が入《はい》る。

フラ
ンス

ペタンク

まずは木製《もくせい》のビュット（目標球《もくひょうきゅう》）を投《な》げる。ビュットを目標《もくひょう》にして、交互《こうご》に金《きん》属製《ぞくせい》のブール（ボール）を投《な》げ合《あ》って、相手《あいて》よりもビュットに近《ちか》づけて得点《とくてん》を競《きそ》う。投《な》げたブールで、相手《あいて》のブールをはじきとばしてもいい。

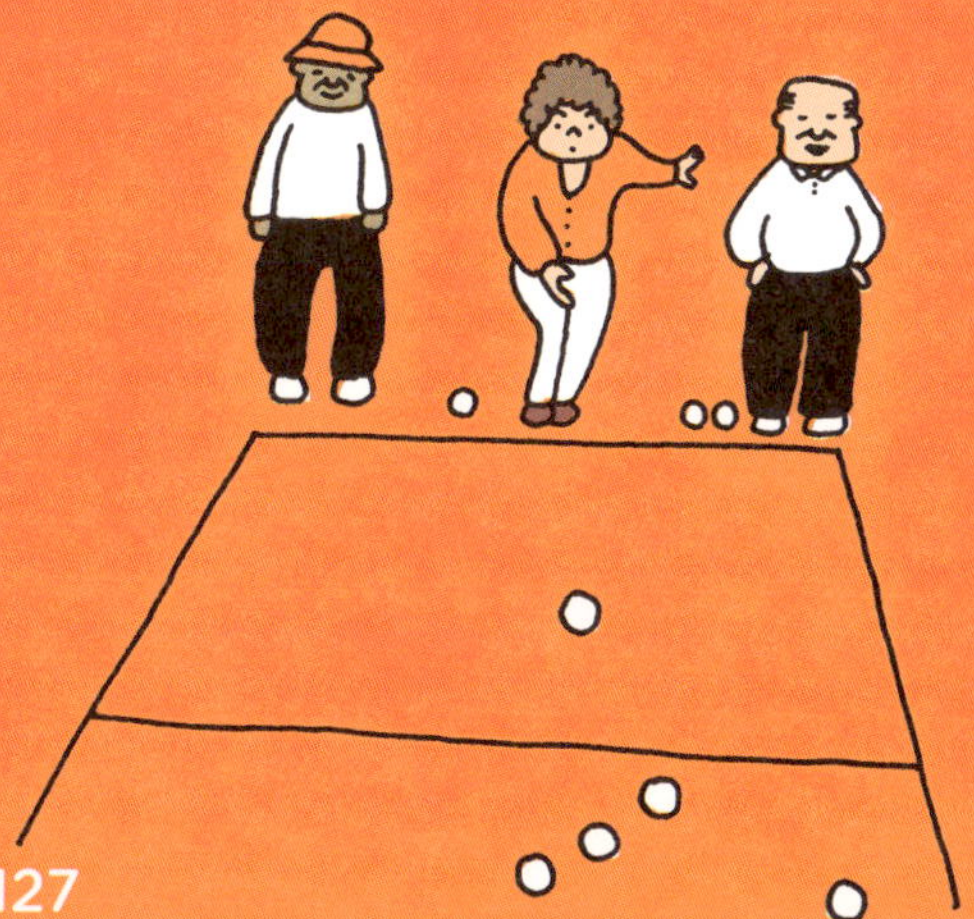

イギ
リス

クリケット

1チーム11人《にん》で行《おこな》う野球《やきゅう》に似《に》た競技《きょうぎ》。ボウラー（野球《やきゅう》のピッチャーにあたる）がボールをバウンドさせて投《な》げ、バッツマン（野球《やきゅう》のバッター）が板《いた》のようなバットでボールを打《う》つ。ウィケットと呼《よ》ばれる杭《くい》が2つあり、そのラインを行《い》ったり来《き》たりすることでラン（得点《とくてん》）が入《はい》る。

9 水《みず》のなかで遊《あそ》ぶ

暑《あつ》い夏《なつ》の日《ひ》に、プールや海《うみ》、
川《かわ》の冷《つめ》たい水《みず》に入《はい》ると
ひんやりして気持《きも》ちがいい。
たとえ泳《およ》ぐのが苦手《にがて》でも、
友《とも》だちと水《みず》をかけ合《あ》ったり、
プールで水《みず》のなかを走《はし》りまわったり
するのはたのしいよね。
水《みず》のなかって、
どうしてたのしいのだろう?

水《みず》のなかでしか味《あじ》わえないたのしさ

いつも陸《りく》の上《うえ》で生活《せいかつ》している
わたしたちにとって、水《みず》のなかはまるで別世界《べっせかい》。
プカプカ浮《う》いたり、クルクル回《まわ》ったり……。
水《みず》のなかだったら、陸《りく》の上《うえ》ではできない動《うご》きができる。
思《おも》うように動《うご》けない人《ひと》もいれば、逆《ぎゃく》に水《みず》のなかのほうが
自由《じゆう》に動《うご》ける人《ひと》もいるかもしれないね。
そう、水《みず》のなかには、ふだんとはちがうたのしさがあるんだ。
どうすれば、もっと水《みず》となかよく遊《あそ》べるのか、いっしょに考《かんが》えていこう。

人《ひと》はなぜ泳《およ》ぐの？

昔《むかし》は、川《かわ》を泳《およ》いで渡《わた》った

人《ひと》は、どうして泳《およ》ぐようになったのだろう？

地球《ちきゅう》は「水《みず》の惑星《わくせい》」と言《い》われるほど、水《みず》がたくさんある。人《ひと》が生活《せいかつ》している陸《りく》よりも、魚《さかな》がすんでいる海《うみ》のほうがずっと広《ひろ》いんだ。

もし目《め》の前《まえ》に大《おお》きな川《かわ》が流《なが》れていて、向《む》こう岸《ぎし》に行《い》きたいと思《おも》ったとする。でも、橋《はし》や船《ふね》はない。そういうときは、どうすればいい？

船《ふね》で海《うみ》に出《で》たけれど、船《ふね》がひっくり返《かえ》って、海《うみ》のなかに放《ほう》り出《だ》されてしまった。そんなとき、どうする？

移動《いどう》するためや、自分《じぶん》の身《み》を守《まも》るために、泳《およ》ぐ必要《ひつよう》があったんだ。

川《かわ》を渡《わた》るために泳《およ》ぐ

橋《はし》も船《ふね》もなかった時代《じだい》、人《ひと》は川《かわ》を泳《およ》いで渡《わた》っていた。川《かわ》の向《む》こうに行《い》く用事《ようじ》があったら、荷物《にもつ》を抱《かか》えながら川《かわ》を渡《わた》るしか方法《ほうほう》はなかったんだ。

おぼれないために泳《およ》ぐ

海《うみ》で船《ふね》がひっくり返《かえ》ったら、なにかにしがみついて泳《およ》がないとおぼれてしまう。もし川《かわ》や池《いけ》に落《お》ちてしまったときも、泳《およ》げないと大変《たいへん》なことになってしまう。

遊《あそ》びやスポーツとして泳《およ》ぐ

海《うみ》や川《かわ》での水遊《みずあそ》びがたのしいのは、昔《むかし》もいまも同《おな》じ。また、多《おお》くの人《ひと》はスポーツとして「水泳《すいえい》」をたのしんでいる。泳《およ》ぐことは、気持《きも》ちがいいし、健康《けんこう》にもいい。

食《た》べものをとるために泳《およ》ぐ

人《ひと》は海《うみ》にもぐって、魚《さかな》や貝《かい》などの海《うみ》の幸《さち》をとってきた。いまでも「海女《あま》さん」と呼《よ》ばれる人《ひと》は、海《うみ》にもぐって、アワビやサザエ、伊勢《いせ》エビ、ワカメなどをとっている。

いまも昔《むかし》も水《みず》で遊《あそ》ぶのはたのしい

泳《およ》ぐことは、食《た》べものを得《え》るためにも必要《ひつよう》だ。魚《さかな》や貝《かい》、ワカメ、昆布《こんぶ》などの水《みず》のなかでとれる食《た》べものは、水《みず》にもぐってつかまえたり、収穫《しゅうかく》したりする。そのためにも人《ひと》は、泳《およ》ぐ方法《ほうほう》を習得《しゅうとく》してきた。

一方《いっぽう》で昔《むかし》から人《ひと》は、遊《あそ》びとしても泳《およ》いでいた。海《うみ》や川《かわ》にとびこんだり、どれだけもぐれるかを競《きそ》ったりといった水遊《みずあそ》びをたのしんでいたんだ。

それはいまも同《おな》じ。昔《むかし》とちがって、泳《およ》げなくても生《い》きるには困《こま》らないけれど、単《たん》にたのしい遊《あそ》びとして泳《およ》いでいる。

また、水泳《すいえい》というスポーツとして記録《きろく》に挑戦《ちょうせん》する人《ひと》や、健康《けんこう》のために泳《およ》ぐ人《ひと》もたくさんいるね。

水《みず》となかよくなる

水《みず》のなかで鼻《はな》から息《いき》を吐《は》く

まずは水《みず》になれよう。どうしたら、水《みず》となかよくなれるんだろう？お母《かあ》さんのお腹《なか》にいるときは、だれもが水《みず》（羊水《ようすい》）のなかにいた。だからもともとみんなは、水《みず》となかよしのはず。そう考《かんが》えると、簡単《かんたん》かもしれないって思《おも》えるかな？

まずは呼吸《こきゅう》。口《くち》で息《いき》を吸《す》って、鼻《はな》の高《たか》さまで水《みず》につかる。そして鼻《はな》からブクブクと息《いき》を吐《は》いてみよう。鼻《はな》をかむように一気《いっき》に吐《は》くのがコツだ。息《いき》を吐《は》き切《き》ったら、水《みず》から顔《かお》を出《だ》してふたたび口《くち》から息《いき》を吸《す》おう。

これを何度《なんど》もくり返《かえ》すうちに、泳《およ》ぐときの息《いき》つぎが上手《じょうず》になるよ。

口《くち》から息《いき》を吸《す》って 鼻《はな》から息《いき》を吐《は》く

口《くち》から思《おも》いきり息《いき》を吸《す》って、水《みず》のなかにもぐる。水《みず》のなかで鼻《はな》から息《いき》を吐《は》く。これを何度《なんど》もくり返《かえ》してみよう。

なにを言《い》っているでしょうか

友《とも》だちといっしょに水《みず》のなかにもぐって、「なにを言《い》っているか」を当《あ》てる遊《あそ》びをしよう。
水《みず》のなかで息《いき》を吐《は》いたり、目《め》をあけたりする練習《れんしゅう》になるよ。
水《みず》のなかで「ジャンケン」や「あっちむいてホイ」をしたり、「アルプス一万尺《いちまんじゃく》」といった手遊《てあそ》びをするのもたのしい。「にらめっこ」や「ジェスチャーゲーム」もおすすめだ。

水《みず》のなかで目《め》をあける

今度《こんど》は、頭《あたま》まで水《みず》のなかにつけて、目《め》をあけてみよう。もし目《め》をあけるのが怖《こわ》いなら、水中《すいちゅう》めがね（ゴーグル）を使《つか》ってもいい。

水《みず》のなかは、どんな世界《せかい》かな？光《ひかり》がゆらゆらとボヤけて見《み》えたり、ブオーンとした音《おと》が聞《き》こえたりしない？　ちょっとふしぎな世界《せかい》だね。

水《みず》のなかで目《め》をあける

最初《さいしょ》はお風呂《ふろ》でやってみよう。
大人《おとな》といっしょにお風呂《ふろ》に入《はい》って、
水《みず》のなかで指《ゆび》の数《かず》を当《あ》てるなどの
遊《あそ》びもためしてみて。

水《みず》に浮《う》かんでみる

いろんな浮《う》き方《かた》をしてみる

水《みず》に顔《かお》をつけられるようになったら、今度《こんど》は水《みず》に浮《う》いてみよう。

プカプカと浮《う》かぶ気持《きも》ちよさは、水《みず》のなかでのたのしみのひとつでもあるし、泳《およ》ぐための第一歩《だいいっぽ》でもある。

かならず足《あし》がつく場所《ばしょ》で、まずはひざをかかえて浮《う》いてみる。ダルマのように、からだを丸《まる》くして、バランスをとりながら浮《う》かぶ、「ダルマ浮《う》き」と呼《よ》ばれているものだ。

変《へん》に力《ちから》が入《はい》ってしまうと、クルッとひっくり返《かえ》ってしまうけど、それもちょっとおもしろい。

ダルマ浮《う》きができたら、そこから

クラゲ浮《う》き

ダルマ浮《う》きの状態《じょうたい》から、うでと足《あし》をダラリと下《さ》げれば、クラゲ浮《う》きだ。立《た》ち上《あ》がるときは、両手《りょうて》で水《みず》をグッと下《した》に押《お》して、両《りょう》足《あし》を底《そこ》につけるといい。

ダルマ浮《う》き

大《おお》きく息《いき》を吸《す》って、あごを引《ひ》きながらからだを前《まえ》にたおして、顔《かお》を水《みず》につける。両《りょう》足《あし》を浮《う》かせて、ひざをうででかかえれば、ダルマ浮《う》きだ。力《ちから》を抜《ぬ》くと沈《しず》まない。

うでと足《あし》をダランとさせる「クラゲ浮《う》き」（またの名《な》を「おばけ浮《う》き」）に挑戦《ちょうせん》しよう。クラゲのようにからだの力《ちから》を抜《ぬ》くと、沈《しず》みにくくなる。

次《つぎ》は、手《て》と足《あし》、からだをまっすぐ伸《の》ばして浮《う》かんでみる。からだを曲《ま》げずに、えんぴつのようにまっすぐ伸《の》ばそう。この「伏《ふ》し浮《う》き」（またの名《な》を「えんぴつ浮《う》き」）は、泳《およ》ぐための基本《きほん》姿勢《しせい》でもあるんだ。

大《だい》の字《じ》浮《う》き

あお向《む》けでからだを大《だい》の字《じ》にして浮《う》く。両《りょう》手《て》と両足《りょうあし》を大《おお》きく広《ひろ》げて、からだ全体《ぜんたい》で浮《う》くイメージだ。手足《てあし》をバタバタさせずに、からだの力《ちから》を抜《ぬ》くと浮《う》きやすい。

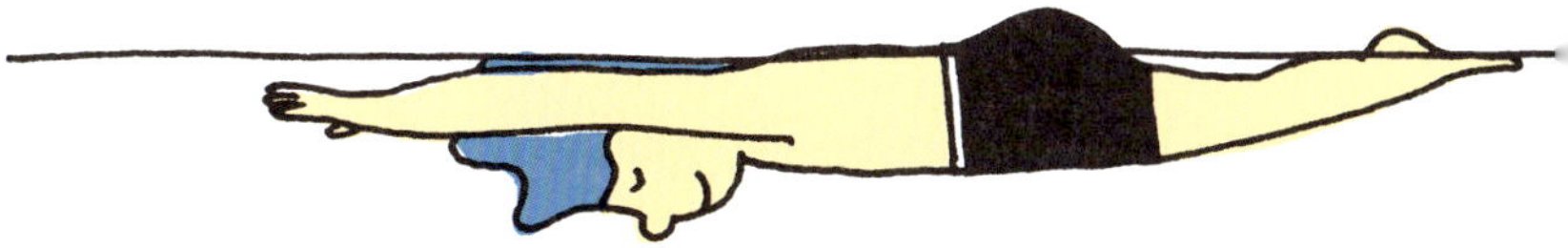

伏《ふ》し浮《う》き

水面《すいめん》でクラゲ浮《う》きができたら、今度《こんど》は両《りょう》手《て》と両足《りょうあし》をえんぴつのようにまっすぐ伸《の》ばす。この場合《ばあい》も、からだの力《ちから》を抜《ぬ》くことが大切《たいせつ》だ。

服《ふく》を着《き》たままでも、大《だい》の字《じ》で浮《う》く

もし川《かわ》や池《いけ》にあやまって落《お》ちてしまったら、どうすればいい？

普通《ふつう》に泳《およ》げる人《ひと》でも、服《ふく》を着《き》たまま泳《およ》ぐのは、とってもむずかしい。でも、あお向《む》けになって手足《てあし》を広《ひろ》げる「大《だい》の字《じ》浮《う》き」だったら、服《ふく》を着《き》ていても水《みず》に浮《う》かぶことができるよ。

「大《だい》の字《じ》浮《う》き」を知《し》っておけば、いざというときでも大丈夫《だいじょうぶ》！

水《みず》にもぐって遊《あそ》ぶ

息《いき》を吐《は》いてからもぐる

水《みず》のなかにもぐろうと思《おも》ったら、思《おも》いきり息《いき》を吸《す》いたくなるよね。でも、息《いき》を吸《す》ってからだのなかに空気《くうき》がいっぱい入《はい》っていると、からだは水面《すいめん》に浮《う》きやすい。水《みず》に浮《う》きたいときは、息《いき》を思《おも》いきり吸《す》うといい。でも、水《みず》にもぐるときは、空気《くうき》を吸《す》いすぎないほうがいいんだ。

プールの底《そこ》までもぐりたいときは、息《いき》を吐《は》いてからもぐるのでもいい。むずかしい場合《ばあい》は、息《いき》を吸《す》ってからもぐり、息《いき》を少《すこ》しずつ吐《は》きながら底《そこ》のほうにもぐっていくといいよ。

なぜ、からだが浮《う》いちゃうの?

からだのなかに空気《くうき》がいっぱい入《はい》っていると、からだはしぜんと浮《う》かんでしまう。からだのなかから空気《くうき》を吐《は》き出《だ》すことでもぐりやすくなる。

水《みず》のなかでしかできない動《うご》きをたのしむ

水《みず》にもぐれるようになったら、いろんな遊《あそ》びができる。

水《みず》のなかで宙返《ちゅうがえ》りをしたり、逆《さか》立《だ》ちをしたりもできるし、友《とも》だちと股《また》くぐりをして遊《あそ》んだりすることもできる。水《みず》のなかでしかできないようなポーズをとって遊《あそ》ぶこともできるよね。

プールの底《そこ》をただ歩《ある》いてみるのもおもしろい。はやく歩《ある》けないし、バランスをとるのもむずかしい。まるで宇宙《うちゅう》を歩《ある》いているような感覚《かんかく》を味《あじ》わえる。

実際《じっさい》、水《みず》のなかと宇宙《うちゅう》の環境《かんきょう》は似《に》ている。だから宇宙飛行士《うちゅうひこうし》は、プールのなかで訓練《くんれん》をするんだ。

水《みず》のなかでどんな遊《あそ》びをしたい？

みんなは、プールや海《うみ》でなにをして遊《あそ》ぶ？　水《みず》のなかでしかできない動《うご》きを利用《りよう》して、あたらしい遊《あそ》びを考《かんが》えてみよう。

水《みず》のなかをまっすぐ進《すす》む

かべをけって どこまでいける？

水《みず》のなかにいるだけで気持《きも》ちいいけれど、水中《すいちゅう》をスーッと進《すす》んでいくのはもっと気持《きも》ちいい。これも水《みず》のなかでしか味《あじ》わえない感覚《かんかく》だ。

プールのかべをけり、手《て》と足《あし》をまっすぐ伸《の》ばして、どこまで進《すす》めるかチャレンジしてみよう。思《おも》いきりかべをけったほうが遠《とお》くまでいけそうだよね。でも、力《ちから》が入《はい》りすぎると、からだが沈《しず》んだり、逆《ぎゃく》に浮《う》いたりしてしまう。変《へん》な方向《ほうこう》に曲《ま》がってしまうこともある。

自分《じぶん》でいろいろためしてみて、いちばん遠《とお》くまで進《すす》める「かべをける強《つよ》さ」を探《さが》してみて。

水《みず》のなかの生《い》きものをまねてみよう

魚《さかな》やイカといった水《みず》のなかの生《い》きものは、ずっとからだを動《うご》かしているわけではない。一回水《いっかいみず》をかいたら、からだをまっすぐ伸《の》ばして、スーッと前《まえ》に進《すす》む。この伸《の》びる感覚《かんかく》が、泳《およ》ぐときに重要《じゅうよう》だ。

力《ちから》を抜《ぬ》いて からだをまっすぐにする

かべをけって、からだをまっすぐ伸《の》ばして進《すす》むことを「けのび」と言《い》う。これは、泳《およ》ぐための大事《だいじ》な練習《れんしゅう》でもある。

ポイントは、かべをけったあと、135ページの「伏《ふ》し浮《う》き」と同《おな》じようにからだをまっすぐにすること。そうすれば、魚《さかな》のようにスムーズに水《みず》のなかを進《すす》むことができる。

逆《ぎゃく》に、からだをまっすぐ伸《の》ばさないと、水《みず》の抵抗《ていこう》を受《う》けて、なかなか前《まえ》に進《すす》まない。

からだをまっすぐ伸《の》ばすコツは、やはりからだの力《ちから》を抜《ぬ》くこと。力《ちから》が入《はい》りすぎると、からだが沈《しず》んでしまったり、曲《ま》がってしまったりするからだ。

いろんな泳《およ》ぎをする

たくさんの泳《およ》ぎ方《かた》がある

クロールや平泳《ひらおよ》ぎ、背泳《せおよ》ぎ、バタフライ。これらは体育《たいいく》やオリンピックなどの水泳《すいえい》競技《きょうぎ》で見《み》かける泳《およ》ぎ方《かた》だ。

でも、水泳《すいえい》の授業《じゅぎょう》で習《なら》わないような泳《およ》ぎ方《かた》は、ほかにもある。

いちばん簡単《かんたん》な泳《およ》ぎ方《かた》は、イヌかきかもしれない。顔《かお》を水《みず》につけないので、息《いき》つぎする必要《ひつよう》もない。はやくは泳《およ》げないけれど、ゆっくりと長《なが》く泳《およ》ぐことができる。イヌになりきって泳《およ》いでみよう。

また、立《た》ち泳《およ》ぎもある。忍者《にんじゃ》みたいに水《みず》の上《うえ》に立《た》てなくても、水《みず》のなかで立《た》っているような姿《すがた》で泳《およ》ぐ方法《ほうほう》だ。上《うえ》に向《む》かって進《すす》むイメージで泳《およ》ぐ。

手《て》だけで泳《およ》ぐ

たとえば足《あし》にビート板《ばん》をはさんで、手《て》だけで泳《およ》いでみよう。クロールのようにうでを回転《かいてん》させてもいいし、イヌかきのように水《みず》をかいてもいい。逆《ぎゃく》に手《て》は使《つか》わずに、足《あし》だけで泳《およ》いでみてもいい。

イヌかき

頭《あたま》を水面《すいめん》に出《だ》したまま、両手《りょうて》で交互《こうご》に水《みず》をかく。足《あし》はバタ足《あし》でもよい。イヌだけではなく、多《おお》くの動物《どうぶつ》が、この泳《およ》ぎ方《かた》をする。それだけ、しぜんな泳《およ》ぎ方《かた》と言《い》えそうだ。

立《た》ち泳《およ》ぎ

足《あし》のうらで水《みず》をつかむようにして、両足《りょうあし》を交互《こうご》に回転《かいてん》させる。立《た》ち泳《およ》ぎができると、足《あし》のつかないような深《ふか》いプールや海《うみ》でも浮《う》くことができる。

自分《じぶん》で泳《およ》ぎ方《かた》を考《かんが》えてみる

もちろん、決《き》められた泳《およ》ぎ方《かた》ではなく、自由《じゆう》な泳《およ》ぎ方《かた》をしてもいい。自分《じぶん》でユニークな泳《およ》ぎ方《かた》を考《かんが》えてみよう。

たとえば、あお向《む》けになって、まるでボートをこぐように、両《りょう》うでを同時《どうじ》に動《うご》かして水《みず》をかく。この泳《およ》ぎ方《かた》なら、疲《つか》れたら水《みず》の上《うえ》でプカプカ浮《う》かんで、休《やす》むこともできる。

また、ドリルのように回転《かいてん》しながら泳《およ》いでみるのはどうだろう？　ちょっとむずかしいけど、前《まえ》まわりをしながら前《まえ》に進《すす》んでみたり、ジグザグに泳《およ》いでみたり、うしろ向《む》きに進《すす》んでみたりするのもおもしろそうだ。

自分《じぶん》であたらしい泳《およ》ぎ方《かた》を考《かんが》えたり、いくつかの泳《およ》ぎ方《かた》を合体《がったい》させたりして遊《あそ》んでみよう。

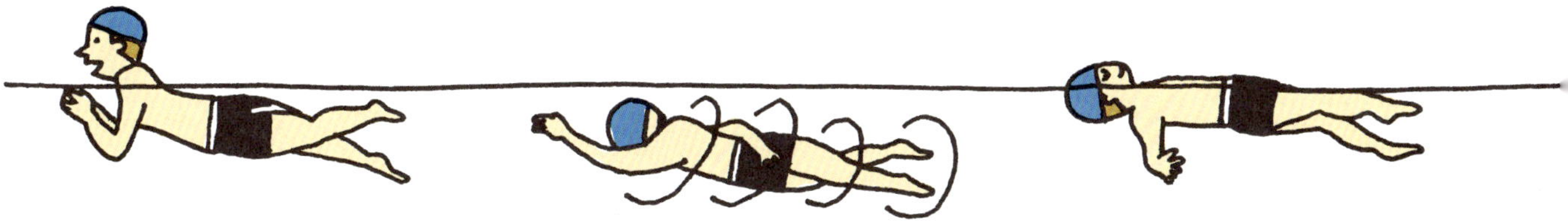

泳《およ》ぎ方《かた》を合体《がったい》させる

たとえば、足《あし》はクロールのバタ足《あし》だけど、手《て》は平泳《ひらおよ》ぎの動《うご》きで泳《およ》いでみる。いろんな泳《およ》ぎ方《かた》を合《あ》わせてみると、あたらしい泳《およ》ぎ方《かた》を発見《はっけん》できるかもしれない。

回転泳《かいてんおよ》ぎ

からだをドリルのように回転《かいてん》させて泳《およ》いでみよう。はやくは泳《およ》げないし、体力《たいりょく》を使《つか》うけれど、単純《たんじゅん》にたのしい。ちょっと必殺技《ひっさつわざ》みたいに見《み》えて、かっこいいかも。

あお向《む》け泳《およ》ぎ

あお向《む》けで水《みず》の上《うえ》に浮《う》かびながら、ゆっくりと泳《およ》ぐ。うでや足《あし》をどのように動《うご》かしたら前《まえ》に進《すす》むのか、またうしろに進《すす》むのか、いろいろためしてみよう。

昔《むかし》の日本人《にほんじん》の泳《およ》ぎ方《かた》

武士《ぶし》はよろいを着《き》たまま泳《およ》いでいた

いまの日本《にほん》で一般的《いっぱんてき》な泳《およ》ぎ方《かた》は、基《き》本的《ほんてき》に海外《かいがい》から持《も》ちこまれたもの。しかし、川《かわ》や海《うみ》が多《おお》い日本《にほん》ではもともと、各地《かくち》で独自《どくじ》の泳《およ》ぎ方《かた》が発展《はってん》してきた。

それは、日本泳法《にほんえいほう》(古式泳法《こしきえいほう》)と呼《よ》ばれるもの。プールではやさを競《きそ》い合《あ》うための泳《およ》ぎ方《かた》ではなく、武士《ぶし》が重《おも》いよろいを着《き》たまま、川《かわ》や海《うみ》を渡《わた》るために生《う》まれた泳《およ》ぎ方《かた》だ。

長《なが》い距離《きょり》を泳《およ》ぐ、敵《てき》から身《み》を守《まも》る、敵《てき》とたたかうなど、目的《もくてき》によって泳《およ》ぎ方《かた》がちがったそうだ。

また、ウマといっしょに泳《およ》いだり、坐《ざ》禅《ぜん》を組《く》みながら水中《すいちゅう》に浮《う》かんだりするなど、ユニークなものも多《おお》い。

あおり足《あし》

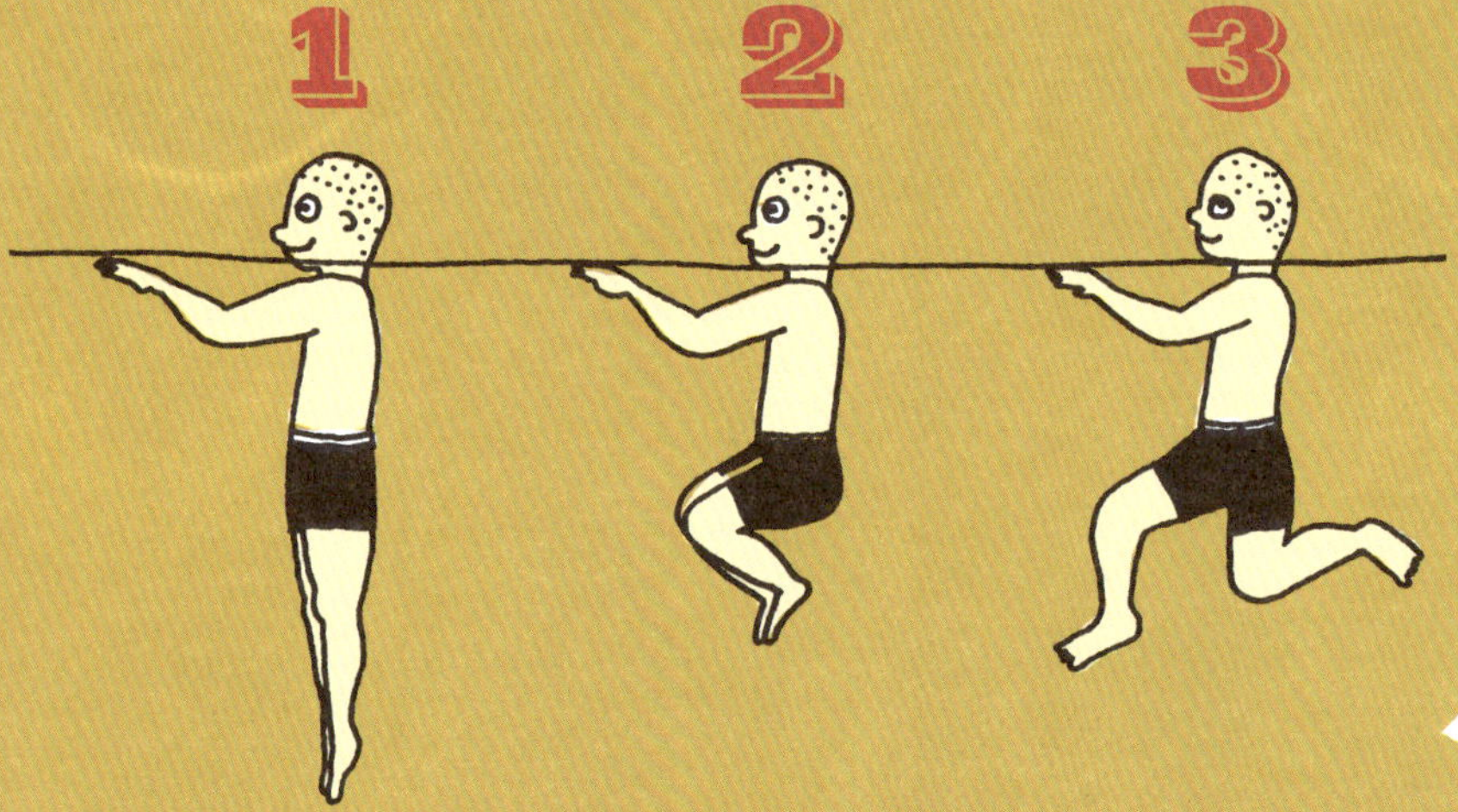

日本泳法《にほんえいほう》の足《あし》の動《うご》きには、あおり足《あし》、かえる足《あし》、ばた足《あし》、踏足《ふみあし》の4つがある。「あおり足《あし》」ができると、足《あし》がつかないところでも立《た》って浮《う》くことができる。

1 両足《りょうあし》をそろえて、まっすぐ伸《の》ばす。そのとき、足《あし》の力《ちから》は抜《ぬ》く。

2 からだに近《ちか》づけるように、両足《りょうあし》のひざをいっしょに曲《ま》げる。

3 足《あし》のうらと甲《こう》で水《みず》をあおるようにして、足《あし》を前後《ぜんご》に開《ひら》く。同《おな》じように、足《あし》のうらと甲《こう》で水《みず》をあおるようにして、大《おお》きな弧《こ》を描《えが》きながら 1 に戻《もど》る。

たぐりのび

日本泳法《にほんえいほう》には、横向《よこむ》きに泳《およ》ぐものが多《おお》い。そのひとつが、まるでひもをたぐる（ひっぱる）ようにして泳《およ》ぐ「たぐりのび」だ。渦《うず》などの急《きゅう》な流《なが》れから逃《のが》れるための泳《およ》ぎでもある。

1 足《あし》はあおり足《あし》。足《あし》を止《と》めず、つねに動《うご》かすようにする。

2-3 1回《かい》あおるごとに、手《て》は1回《かい》ずつ交互《こうご》にかく。そのとき、まるでひもをひっぱるように泳《およ》ぐ。

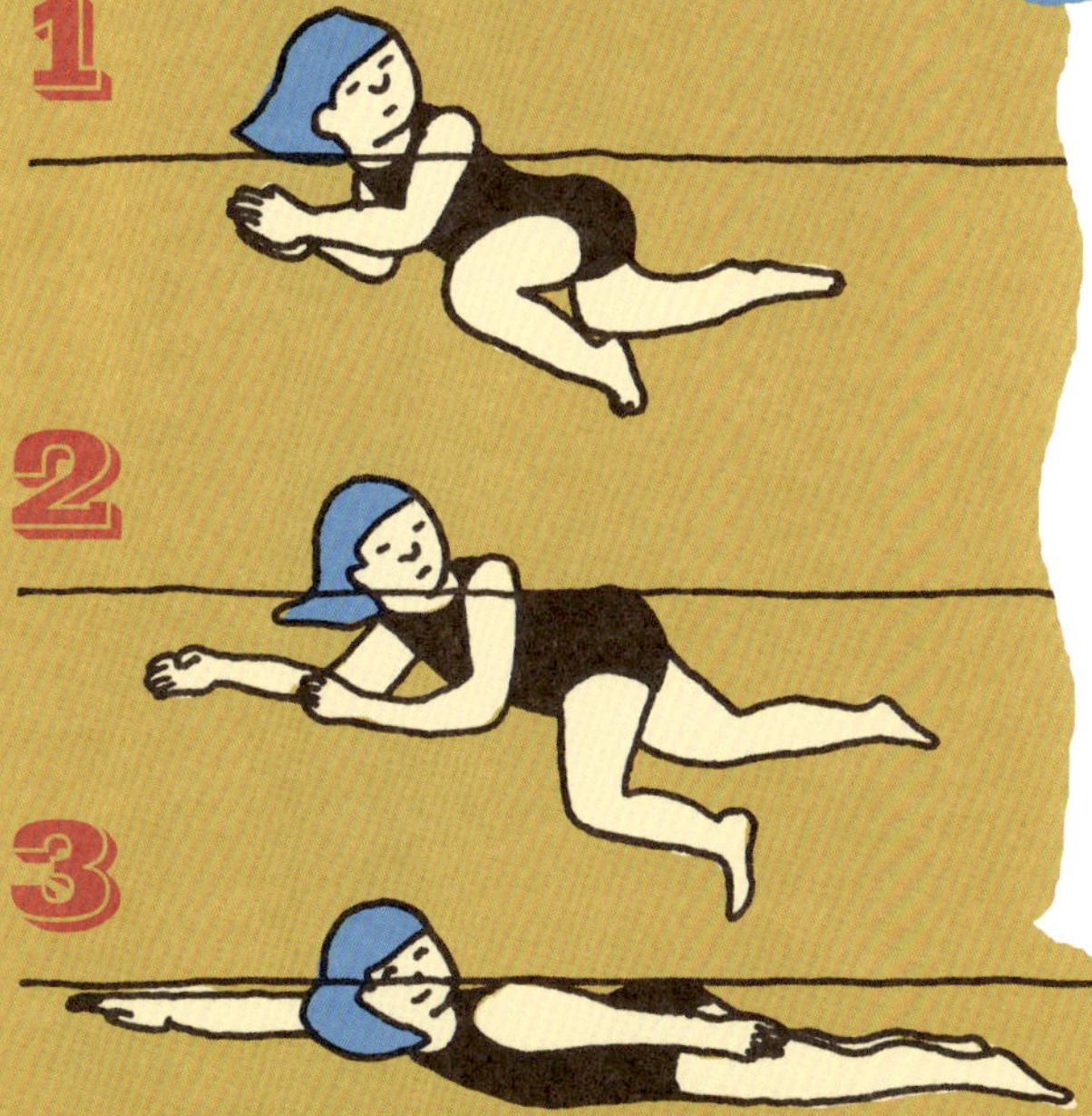

もろてのし

横向《よこむ》きで泳《およ》ぐ方法《ほうほう》。足《あし》は「たぐりのび」と同《おな》じだが、手《て》の動《うご》きがちがう。手《て》の力《ちから》の入《い》れ方《かた》で方向《ほうこう》が変《か》わるため、少《すこ》しむずかしい。流《なが》れがはやい川《かわ》を渡《わた》るときに役立《やくだ》つ力強《ちからづよ》い泳《およ》ぎだ。

1 足《あし》はあおり足《あし》。両手《りょうて》を胸《むね》のあたりにそろえる。

2 両手《りょうて》を図《ず》のようにはなして前《まえ》に出《だ》し、足《あし》は大《おお》きく開《ひら》く。

3 右手《みぎて》はからだの下《した》を大《おお》きくかき、左手《ひだりて》は水面《すいめん》と平行《へいこう》になるようにかく。同時《どうじ》に足《あし》で水《みず》をあおる。

4 図《ず》のように、からだを伸《の》ばす。すぐに 1 のかたちに戻《もど》り、何度《なんど》もくり返《かえ》す。

10 あたらしい運動《うんどう》を考《かんが》える

からだを使《つか》って遊《あそ》ぶのってたのしい。
とくに、はじめてする遊《あそ》びってわくわくしない？
自分《じぶん》たちであたらしい遊《あそ》びをつくれば、
もっとたのしくなるかもしれない。
でも、あたらしい遊《あそ》びって、
どうしたらつくれるのだろう？

自分《じぶん》たちで遊《あそ》びを考《かんが》えよう

知《し》っている遊《あそ》びだけでなく、自分《じぶん》たちで自由《じゆう》に発想《はっそう》して、あたらしい遊《あそ》びを考《かんが》えてみる。

いつも使《つか》っているボールのかわりに、身近《みぢか》にある別《べつ》のモノを使《つか》ってもいいし、ボールの数《かず》を増《ふ》やしてみるのもいい。もちろん、だれも見《み》たことがないような遊《あそ》びでもいい。

自分《じぶん》たちで考《かんが》えた遊《あそ》びに、名《な》前《まえ》をつけるのもたのしいね。

10 あたらしい運動《うんどう》を考《かんが》える

遊《あそ》びを考《かんが》える5つのヒント

すでにある遊《あそ》びをヒントにする

自分《じぶん》たちで遊《あそ》びを考《かんが》えるのって、ちょっとむずかしそう？

でも、よくしている遊《あそ》びや知《し》っている遊《あそ》びをヒントにすれば、それほどむずかしくないはず。

たとえば、おにごっこにも、いろんなものがあるよね。高《たか》いところにいたらオニにタッチされない「たかおに」もあれば、オニが言《い》った色《いろ》にさわる「色《いろ》おに」もある。すでにある遊《あそ》びのルールを少《すこ》し変《か》えるだけでも、あたらしい遊《あそ》びになる。

ルールは最初《さいしょ》から完《かん》ぺきでなくてもいい。遊《あそ》びながら、もっとおもしろくなるように変《か》えていけばいいんだ。

5つのヒントを参考《さんこう》にする

すでにある遊《あそ》びからあたらしい遊《あそ》びを考《かんが》えるとき、上《うえ》の5つのヒントを手《て》がかりにしてみるといい。

次《つぎ》のページからは、それぞれのヒントから考《かんが》えた遊《あそ》びの例《れい》をちょっとだけ紹介《しょうかい》しよう。もちろん、この5つのヒントに関係《かんけい》なく、自由《じゆう》に考《かんが》えてもいい。自分《じぶん》たちであたらしい遊《あそ》びを考《かんが》えたら、じっさいに遊《あそ》んでみてほしい。

ヒント1

2つの遊《あそ》びを合《あ》わせる

2つを合体《がったい》させれば発明《はつめい》が生《う》まれる

いまあるものを合《あ》わせると、あたらしいものが生《う》まれる。身近《みぢか》にも、そのようにしてできたものがたくさんあるんだ。

たとえば、色《いろ》のちがうボールペンをひとつにして、3色《しょく》ボールペンが生《う》まれた。ハンバーガーは、ハンバーグとパンが合体《がったい》したもの。ケータイ電話《でんわ》とパソコンが合《あ》わさって、スマートフォンが登場《とうじょう》した。遊《あそ》びも同《おな》じだ。すでにある遊《あそ》びをいくつか組《く》み合《あ》わせることで、あたらしい遊《あそ》びを発明《はつめい》することができる。ここでは3つだけ紹介《しょうかい》しよう。みんなも友《とも》だちといっしょに考《かんが》えてみよう。

運動《うんどう》すごろく

運動《うんどう》＋すごろく

自分《じぶん》たちですごろくをつくって遊《あそ》ぶ。マス目《め》には、からだを動《うご》かすことを書《か》こう。たとえば、「公園《こうえん》を1周《しゅう》する」「腹筋《ふっきん》を10回《かい》する」「1分間《ぶんかん》、片足《かたあし》で立《た》つ」などだ。

ルール

- 基本《きほん》はすごろくと同《おな》じ
- マス目《め》には、運動《うんどう》の要素《ようそ》を入《い》れる
- サイコロをふる番《ばん》になっても、運動《うんどう》が終《お》わっていなければ1回休《かいやす》み

ドッヂビー

ドッジボール ＋ フリスビー

ボールのかわりにフリスビーを使《つか》って、ドッジボールをする。有名《ゆうめい》な遊《あそ》びなので、みんなもしたことがあるかもしれないね。フリスビーの数《かず》を２つにするのもたのしい。

ルール

- 基本《きほん》はドッジボールと同《おな》じ
- フリスビーが当《あ》たったら、外野《がいや》に行《い》く
- 外野《がいや》の人《ひと》が敵《てき》に当《あ》てたら内野《ないや》に戻《もど》れる
- 全員《ぜんいん》が当《あ》たったら負《ま》け

二《に》人《にん》三《さん》脚《きゃく》サッカー

二人三脚《ににんさんきゃく》 ＋ サッカー

どんな球技《きゅうぎ》でも、２人《ふたり》が１組《くみ》になると、まったくちがうものになる。とくにサッカーは、２人《ふたり》の呼吸《こきゅう》を合《あ》わせないと、うまくボールをけれない。大人《おとな》と組《く》んでもいい。

ルール

- 基本《きほん》はサッカーと同《おな》じ
- ２人《ふたり》１組《ひとくみ》になって、二人三脚《ににんさんきゃく》のように足《あし》をひもやタオルなどで結《むす》ぶ
- コートを狭《せま》くする

ヒント2

あたらしいルールを加《くわ》える

なにかを制限《せいげん》するとあたらしい発見《はっけん》がある

ルールを加《くわ》えることで、制限《せいげん》が増《ふ》えるけれど、それはなにも悪《わる》いことではない。あたらしいことを生《う》み出《だ》すきっかけにもなるからだ。

たとえば、すべての色《いろ》を使《つか》わずに、黒《くろ》と赤《あか》の色《いろ》だけで絵《え》を描《か》くというルールを加《くわ》えると、ユニークな絵《え》になる。

同《おな》じように、いまある遊《あそ》びから、なにかひとつあたらしいルールを加《くわ》えるだけで、また別《べつ》のたのしさを味《あじ》わえる遊《あそ》びに変《か》わる。

ゼロから遊《あそ》びを考《かんが》えるのはむずかしくても、いまある遊《あそ》びにルールをひとつ加《くわ》えるなら簡単《かんたん》だ。みんなも自由《じゆう》にルールを加《くわ》えてみよう。

おにごっこ ＋ 動《うご》きを制限《せいげん》する

おにごっこから進化《しんか》した遊《あそ》びは多《おお》い。「十字《じゅうじ》おに」は、動《うご》きを制限《せいげん》したおにごっこ。メンバーは決《き》まったところしか移動《いどう》できないが、オニはさらに移動《いどう》できる場所《ばしょ》が少《すく》ない。

ルール

- 基本《きほん》はおにごっこと同《おな》じ
- 地面《じめん》に「田《た》」の字《じ》を書《か》く
- オニではない人《ひと》は「田《た》」の字《じ》のところを動《うご》ける
- オニは「十《じゅう》」のところしか動《うご》けない
- 「田《た》」の字《じ》の大《おお》きさを変《か》えて遊《あそ》んでみる

十字《じゅうじ》おに

片《かた》足《あし》すもう

すもう ＋ 片足《かたあし》だけを使《つか》う

地面《じめん》につける足《あし》を片方《かたほう》に制限《せいげん》したすもう。けんけんをしながらなので、バランスが重要《じゅうよう》だ。さらに、片手《かたて》しか使《つか》ってはいけないというルールを加《くわ》えてもいい。

ルール

- 基本《きほん》はすもうと同《おな》じ
- 地面《じめん》に円《えん》を書《か》く
- 円《えん》から出《で》たり、手《て》が地面《じめん》についたり、たおされたら負《ま》け
- 両足《りょうあし》が地面《じめん》についたら負《ま》け

リレー ＋ うしろ向《む》きに走《はし》る

うしろ向《む》きに走《はし》るリレー。足《あし》がはやい人《ひと》でも、うしろ向《む》きに走《はし》るのは苦手《にがて》かもしれない。また、うしろ走《はし》りの二人三脚《ににんさんきゃく》もおもしろい。ぶつからないように注意《ちゅうい》して遊《あそ》ぼう。

うしろ走《はし》りリレー

ルール

- 基本《きほん》はリレーと同《おな》じ
- うしろ向《む》きに走《はし》る
- 普通《ふつう》のリレーよりも短《みじか》いきょりにする

自分《じぶん》たちで
ルールを変《か》えてもいいよ

ヒント3

いつもとちがうモノを使《つか》う

身近《みぢか》なモノを使《つか》って遊《あそ》ぼう

なにかスポーツをしようと思《おも》っても、すぐに道具《どうぐ》がそろわないこともある。

そういうときは、身近《みぢか》にあるモノを代《か》わりに使《つか》って遊《あそ》んでみるといい。たとえば、ペットボトルを使《つか》ってボウリングもできるし、紙《かみ》を丸《まる》めたボールとほうきでゴルフもできる。

また、いつも使《つか》っているモノを別《べつ》のモノに変《か》えると、手軽《てがる》にユニークな遊《あそ》びができる。卓球《たっきゅう》のピンポン玉《だま》で野球《やきゅう》をすると、ものすごい変化球《へんかきゅう》を投《な》げることもできるんだ。

スリッパ卓《たっ》球《きゅう》

卓球《たっきゅう》 ＋ スリッパ

ラケットのかわりにスリッパを使《つか》って卓球《たっきゅう》をする。スリッパだけでなく、下《した》じきやペットボトルなど、いろんなモノでためしてみよう。素手《すで》で打《う》つのもおもしろいかも。

ルール

- 基本《きほん》は卓球《たっきゅう》と同《おな》じ
- 両手《りょうて》でひとつずつスリッパを持《も》ってもおもしろい
- 何回《なんかい》ラリーがつづくか挑戦《ちょうせん》してもいい

ラグビーサッカー

サッカー ＋ ラグビーボール

だ円形《えんけい》のラグビーボールを使《つか》うと、ボールがどこにとんでいくかわからない。ラグビーボールだけでなく、いろんなボールでサッカーをするのもいい。

ルール

- 基本《きほん》はサッカーと同《おな》じ
- サッカーボールのかわりにラグビーボールを使《つか》う
- 相手《あいて》ゴールにボールを入《い》れたら1点《てん》

くつとばしゴルフ

ゴルフ ＋ くつとばし

ボールを打《う》つかわりにくつをとばすゴルフ。穴《あな》のなかにボールを入《い》れるかわりに、たとえば牛乳《ぎゅうにゅう》パックにくつを当《あ》てたらゴールにする。自分《じぶん》たちでコースを考《かんが》えてみよう。

ルール

- 基本《きほん》はゴルフと同《おな》じ
- 何回《なんかい》でゴールできるかを競《きそ》う
- くつをなくさないように、広《ひろ》い場所《ばしょ》でする

ヒント4

数《かず》を増《ふ》やす

ドッジボールボール

ドッジボール
＋ボールを2つにする

ボールを2つ使《つか》って、ドッジボールをしてみよう。それだけで、ボールをとるのも逃《に》げるのもむずかしくなる。チームワークがより重要《じゅうよう》になってくる。

ルール

- 基本《きほん》はドッジボールと同《おな》じ
- ボールを2つ使《つか》う
- 各《かく》チーム、ボールをひとつずつ持《も》ってはじめる

数《かず》が増《ふ》えればおもしろさも増《ふ》える

ひとりで遊《あそ》ぶよりも2人《ふたり》で遊《あそ》ぶほうがたのしいし、友《とも》だちが多《おお》くなればなるほど、もっとたのしくなる遊《あそ》びは多《おお》い。

数《かず》が増《ふ》えればおもしろいのは、友《とも》だちの数《かず》だけではない。ボールを2つに増《ふ》やしてドッジボールやサッカーをすると、またちがったたのしさを味《あじ》わえるんだ。

ボールだけでなく、チームを増《ふ》やしてもいい。3チームだったら、ドッジボールの陣地《じんち》を三《さん》角形《かくけい》にしたり、サッカーのゴールを3つ用意《ようい》すれば、同時《どうじ》に3チームで試合《しあい》ができそうだ。

頭《あたま》がこんがらがりそうだけど、やってみると、いがいとおもしろいかもしれないよ。

かんかんけりけり

缶《かん》けり

＋ 缶《かん》を2つにする

缶《かん》を2つにして缶《かん》けりをする。缶《かん》のかわりに牛乳《ぎゅうにゅう》パックを使《つか》ってもいい。オニも2人《ふたり》に増《ふ》やして、2つの缶《かん》の位置《いち》を遠《とお》くにすると、よりおもしろくなる。

ルール

- 基本《きほん》は缶《かん》けりと同《おな》じ
  (95ページを見《み》てね)
- どちらかの缶《かん》がけられたら、つかまっていた子《こ》は逃《に》げられる
- オニも2人《ふたり》に増《ふ》やしてもいい

バドミントントン

バドミントン

＋ 羽根《はね》を2つにする

羽根《はね》を2つ使《つか》って、3人以上《にんいじょう》で遊《あそ》ぶバドミントン。敵《てき》と味方《みかた》に分《わ》かれてたたかうのでもいいし、みんなで円《えん》になって羽根《はね》を落《お》とさないように何回《なんかい》も打《う》ち合《あ》うのでもいい。

ルール

- 3人以上《にんいじょう》でする
- 敵《てき》と味方《みかた》になってたたかうか、みんなで円《えん》になってラリーをする
- 羽根《はね》がひとつ落《お》ちても、もうひとつが落《お》ちるまでつづける
- 両手《りょうて》にラケットを持《も》ってもいい

ヒント5 ルールを逆《さか》さまにする

いつもとちがう逆《さか》さまの世界《せかい》

みんなは逆立《さかだ》ちができるかな？あるいは、鉄《てつ》ぼうにコウモリのようにぶら下《さ》がったことはある？逆《さか》さまから見《み》ると、いつもとはちがった景色《けしき》になる。股《また》のぞきをすると、簡単《かんたん》に逆《さか》さまの世界《せかい》を見《み》られるよ。逆《ぎゃく》から文字《もじ》を読《よ》んだり、本《ほん》や絵《え》を逆《さか》さまにしてみたり……。そう、なんでも逆《さか》さまにするとおもしろくなるんだ。

遊《あそ》びのなかで、どんなことを逆《さか》さまにしたらおもしろくなるか、みんなで考《かんが》えてみよう。たとえば、勝《か》ち負《ま》けを逆《さか》さまにするのもいいし、ルールを逆《さか》さまにするのもいいね。

1メートル走《そう》

かけっこ

＋ 勝《か》ち負《ま》けを逆《さか》さにする

かけっこをすると、いつも足《あし》がはやい人《ひと》が勝《か》つ。ならば逆《ぎゃく》に、最後《さいご》にゴールをした人《ひと》を勝《か》ちにするのはどうだろう？同《おな》じルールで自転車《じてんしゃ》でやってみるのもいいかもしれないね。

ルール

- 最後《さいご》にゴールしたほうが勝《か》ち
- 完全《かんぜん》に止《と》まったら負《ま》け（自転車《じてんしゃ》の場合《ばあい》は、足《あし》が地面《じめん》についたら負《ま》け）
- きょりは短《みじか》くする（1メートルくらい）

だるまさんがころんだ
＋遠《とお》ざかる

だるまさんが逃《に》げた

普通《ふつう》の「だるまさんがころんだ」とは逆《ぎゃく》に、オニから遠《とお》ざかるようにする。うしろを見《み》ないとオニの動《うご》きを見《み》られないのがむずかしいけれど、そこがおもしろい点《てん》でもある。

ルール

- 基本《きほん》は「だるまさんがころんだ」と同《おな》じ
- 普通《ふつう》の「だるまさんがころんだ」とは逆《ぎゃく》に、オニから遠《とお》ざかるようにする
- オニがいるところから、「はじめのだいいっぽ」をする
- 遠《とお》くの木《き》や地面《じめん》に書《か》いた丸《まる》など、ゴールを決《き》める
- ぶじにゴールにたどりついたら勝《か》ち

ハンデをつけて遊《あそ》ぼう

運動《うんどう》が得意《とくい》な人《ひと》もいれば、そうでない人《ひと》もいる。年上《としうえ》の人《ひと》もいれば、年下《としした》の人《ひと》もいる。みんながたのしく遊《あそ》ぶためにはどうすればいいだろう？

ハンデをつけるのも、いいかもしれないね。たとえばドッジボールなら、2回《かい》まで当《あ》たっていいことにするのもいいし、苦手《にがて》なほうの手《て》でしかボールを投《な》げてはいけないようにするのもいい。

みんなも、どんなハンデをつければなかよく遊《あそ》べるか考《かんが》えてみよう。

運動《うんどう》から広《ひろ》がる大人《おとな》の世界《せかい》

おまけ

運動《うんどう》はくらしのなかにある。子《こ》どものころは運動《うんどう》が苦手《にがて》でも、大人《おとな》になると健康《けんこう》のためや、しゅみとして運動《うんどう》をたのしむ人《ひと》も多《おお》い。運動《うんどう》にまつわる大人《おとな》の世界《せかい》を見《み》てみよう。

プロサッカー選手《せんしゅ》

スポーツと仕事《しごと》

スポーツ選手《せんしゅ》には、スポーツだけで収入《しゅうにゅう》を得《え》るプロ選手《せんしゅ》もいれば、企業《きぎょう》ではたらきながら競技《きょうぎ》をつづける人《ひと》もいる。また、スポーツ選手《せんしゅ》にならなくても、スポーツの世界《せかい》にかかわる仕事《しごと》はたくさんある。

プロスポーツ選手《せんしゅ》

スポーツで収入《しゅうにゅう》を得《え》る仕事《しごと》。野球《やきゅう》、サッカー、ゴルフ、バスケットボール、テニスなどが有名《ゆうめい》。また、自分《じぶん》で企業《きぎょう》に売《う》りこんでお金《かね》を集《あつ》めて活動《かつどう》している選手《せんしゅ》もいる。

プロ野球《やきゅう》選手《せんしゅ》

プロゴルフ選手《せんしゅ》

スポーツマネジメント

スポーツチームを経営《けいえい》する仕事《しごと》。試《し》合《あい》の開催《かいさい》や運営《うんえい》だけでなく、どうすれば多《おお》くのお客《きゃく》さんが見《み》に来《き》てくれるかを考《かんが》えて、イベントなども行《おこな》う。

スポーツトレーナー

プロスポーツ選手《せんしゅ》のからだをきたえたり、ケアをしたりする仕事《しごと》。食事《しょくじ》のサポートやケガをしたときのリハビリも行《おこな》う。また、心《こころ》を支《ささ》えるトレーナーもいる。

スポーツジムのインストラクター

スポーツジムやフィットネスクラブで、一般《いっぱん》の人《ひと》のトレーニングを助《たす》ける仕事《しごと》。見本《みほん》を見《み》せたり、トレーニング方法《ほうほう》やダイエット方法《ほうほう》などを教《おし》えたりする。

スポーツ用品《ようひん》のメーカー

それぞれの競技《きょうぎ》のウェアやシューズ、道具《どうぐ》などをつくって販売《はんばい》する会社《かいしゃ》。商品《しょうひん》を開《かい》発《はつ》する人《ひと》、つくる人《ひと》、販売《はんばい》する人《ひと》など、多《おお》くの人《ひと》がはたらいている。

審判《しんぱん》

ルールにしたがって公平《こうへい》に勝《か》ち負《ま》けを判断《はんだん》し、スムーズに試合《しあい》を進《すす》める仕事《しごと》。どんなスポーツでも、審《しん》判《ぱん》は絶対《ぜったい》に欠《か》かせない存在《そんざい》だ。

スポーツ記者《きしゃ》

試合《しあい》を見《み》たり選手《せんしゅ》に取材《しゅざい》をしたりして、スポーツ新聞《しんぶん》、雑誌《ざっし》、ウェブに記事《きじ》を書《か》く仕事《しごと》。試合《しあい》や選手《せんしゅ》の写真《しゃしん》を撮《と》るカメラマンもいる。

からだの力《ちから》を使《つか》う仕事《しごと》

どんな仕事《しごと》にも体力《たいりょく》は必要《ひつよう》だけど、とくにからだの力《ちから》を使《つか》う仕事《しごと》がある。

からだの力《ちから》と言《い》ってもいろいろで、力持《ちからも》ちな人《ひと》が向《む》いている仕事《しごと》もあれば、持久力《じきゅうりょく》（長《なが》くつづける力《ちから》）や、からだのバランス感覚《かんかく》が大事《だいじ》な仕事《しごと》などもある。

農業《のうぎょう》

お米《こめ》や野菜《やさい》をつくる仕事《しごと》。田《た》畑《はた》をたがやして、種《たね》や苗《なえ》を植《う》え、稲《いね》や野菜《やさい》、果物《くだもの》を育《そだ》てて収穫《しゅうかく》する。農家《のうか》の人《ひと》のおかげで、わたしたちは毎日《まいにち》ごはんを食《た》べられる。

漁業《ぎょぎょう》

大《おお》きな船《ふね》で何日《なんにち》も海《うみ》に出《で》てマグロなどの魚《さかな》をとったり、近場《ちかば》の海《うみ》にもぐってサザエやアワビなどの貝《かい》をとったりする仕事《しごと》。自分《じぶん》たちで魚《さかな》を育《そだ》てたりもする。

林業《りんぎょう》

森《もり》や山《やま》で木《き》を育《そだ》て、木材《もくざい》をつくる仕事《しごと》。苗木《なえぎ》を植《う》えたり、木《き》を切《き》ったり、木《き》に登《のぼ》って枝《えだ》を切《き》ったりする。木材《もくざい》は、家《いえ》を建《た》てたり紙《かみ》をつくったりする材料《ざいりょう》になる。

職人《しょくにん》

伝統工芸品《でんとうこうげいひん》をつくる職人《しょくにん》、細《こま》かな製品《せいひん》をつくる職人《しょくにん》など。どんな職人《しょくにん》でも、ひとつのことに取《と》り組《く》む集中力《しゅうちゅうりょく》と持久力《じきゅうりょく》が必要《ひつよう》だ。

大工《だいく》

家《いえ》を建《た》てる仕事《しごと》。重《おも》い木材《もくざい》を運《はこ》んだり、のこぎりで木材《もくざい》を切《き》ったり、かんなと呼《よ》ばれる道具《どうぐ》で木材《もくざい》をきれいにしたりする。1日中《にちじゅう》からだが活躍《かつやく》する仕事《しごと》だ。

運転手《うんてんしゅ》

バスやタクシーの運転手《うんてんしゅ》など。座《すわ》っているだけのようで、じつは体力《たいりょく》がいる。トラックの運転手《うんてんしゅ》は、長《なが》いきょりを運転《うんてん》するし、荷《に》物《もつ》をのせたり下《お》ろしたりもする。

宅配便《たくはいびん》

だれかに送《おく》った荷物《にもつ》、ネットで買《か》った荷物《にもつ》などを届《とど》ける仕事《しごと》。大《おお》きなものから小《ちい》さなものまでさまざまな荷物《にもつ》があり、トラックから届《とど》ける場所《ばしょ》まで走《はし》ったりもする。

運送業《うんそうぎょう》

別《べつ》の家《いえ》に引《ひ》っこしをするときなど、家具《かぐ》や冷《れい》ぞう庫《こ》、服《ふく》や本《ほん》など、家《いえ》のなかのものを運《はこ》ぶ仕事《しごと》。重《おも》い荷物《にもつ》を持《も》つ力《ちから》が必要《ひつよう》とされる。

販売員《はんばいいん》

服《ふく》やバッグ、アクセサリーなどの商品《しょうひん》をお店《みせ》で販売《はんばい》する仕《し》事《ごと》。立《た》ち仕事《しごと》には、足《あし》や腰《こし》の力《ちから》も必要《ひつよう》だ。ずっと立《た》ちつづけるには、かなり体力《たいりょく》がいる。

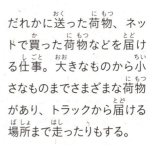

からだと仕事《しごと》

仕事《しごと》がなんであっても、からだを使《つか》わないものはない。机《つくえ》に向《む》かって仕事《しごと》をする人《ひと》でも頭《あたま》をはたらかせるし、目《め》や手《て》も使《つか》う。仕事《しごと》とは多《おお》かれ少《すく》なかれ、からだを使《つか》ってするものなのだ。

ここでは病院《びょういん》、レストラン、会社《かいしゃ》のなかの人《ひと》たちが、どのようにからだを使《つか》っているか見《み》てみよう。

【病院《びょういん》】

介護士《かいごし》

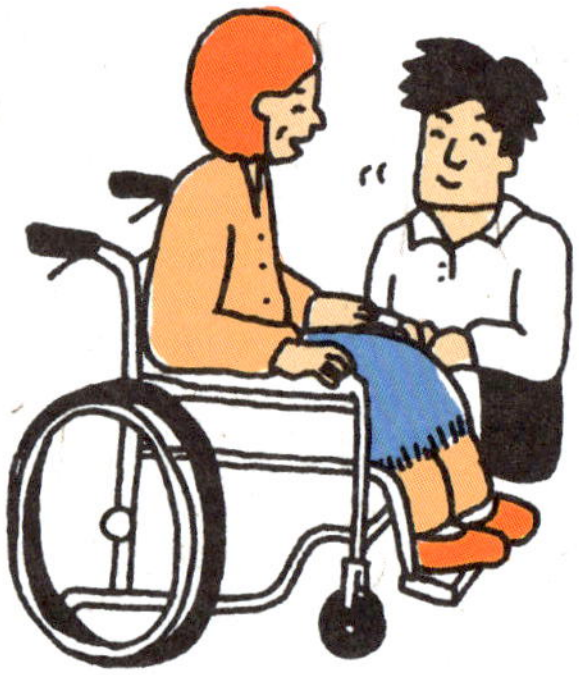

老人《ろうじん》ホームやデイサービス、医療機関《いりょうきかん》などで、食事《しょくじ》や入浴《にゅうよく》、着替《きが》えなどの身《み》のまわりの世話《せわ》をする仕事《しごと》。からだが不自由《ふじゆう》な人《ひと》を起《お》こしたり、車《くるま》椅子《いす》を押《お》したりする。

看護師《かんごし》

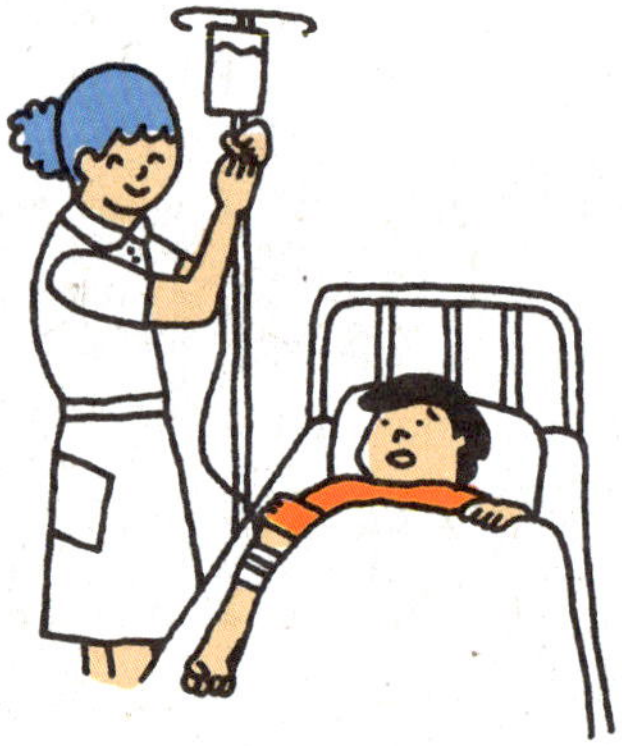

医師《いし》の手伝《てつだ》いや患者《かんじゃ》のケアをする仕事《しごと》。血圧《けつあつ》をはかったり、点《てん》滴《てき》をするだけでなく、入院《にゅういん》している人《ひと》の食事《しょくじ》を運《はこ》んだりもする。病院内《びょういんない》を忙《いそが》しく動《うご》きまわる。

医師《いし》

病気《びょうき》の人《ひと》やケガをした人《ひと》を診《しん》察《さつ》して治療《ちりょう》をする仕事《しごと》。夜《よる》に病《びょう》院《いん》に泊《と》まって緊急《きんきゅう》の患者《かんじゃ》に対応《たいおう》したり、何時間《なんじかん》も手術《しゅじゅつ》をしたり、かなりの肉体労働《にくたいろうどう》でもある。

【レストラン】

【会社《かいしゃ》】

事務《じむ》

必要《ひつよう》な書類《しょるい》をつくったり、お金《かね》の計算《けいさん》をしたり、社内《しゃない》の人《ひと》がはたらきやすくなるようにする仕事《しごと》。座《すわ》ってパソコンを使《つか》うことが多《おお》く、頭《あたま》と目《め》、肩《かた》、腰《こし》が疲《つか》れやすい。

営業《えいぎょう》

ほかの会社《かいしゃ》の人《ひと》とやりとりをしたり、自分《じぶん》の会社《かいしゃ》の商品《しょうひん》やサービスを売《う》ったりする仕事《しごと》。重《おも》いかばんを持《も》って外《そと》を歩《ある》きまわることが多《おお》く、体力《たいりょく》も求《もと》められる。

企画《きかく》

あたらしい商品《しょうひん》やサービスなどを考《かんが》えて、実行《じっこう》する仕事《しごと》。頭《あたま》を使《つか》うだけでなく、いろんな人《ひと》と打《う》ち合《あ》わせをして仕事《しごと》のお願《ねが》いをするなど、行動力《こうどうりょく》が必要《ひつよう》だ。

ホールスタッフ

お客《きゃく》さんを席《せき》に案内《あんない》したり、注文《ちゅうもん》をとったり、料理《りょうり》を運《はこ》んだりする仕事《しごと》。店内《てんない》を歩《ある》きまわるため足腰《あしこし》を使《つか》う。また、両手《りょうて》で料理《りょうり》などを持《も》つため、うでの力《ちから》も必要《ひつよう》だ。

料理人《りょうりにん》

お客《きゃく》さんのために料理《りょうり》をつくる仕事《しごと》。材料《ざいりょう》を仕入《しい》れたり、あたらしいメニューを考《かんが》えたりもする。体力《たいりょく》も必要《ひつよう》だが、手先《てさき》の器用《きよう》さ、斬新《ざんしん》なアイデアも求《もと》められる。

皿洗《さらあら》い

お客《きゃく》さんが食《た》べ終《お》わった皿《さら》や調理《ちょうり》で使《つか》ったものを洗《あら》う仕事《しごと》。料理人《りょうりにん》を目指《めざ》すとき、まず皿洗《さらあら》いからスタートすることが多《おお》い。大量《たいりょう》の皿《さら》を洗《あら》うので、体力勝負《たいりょくしょうぶ》だ。

からだとくらし

生《い》きているあいだはずっと、からだを動《うご》かしている。くらしのなかで、どんなときに、からだのどこを動《うご》かしているか、ちょっと意識《いしき》してみよう。

たとえば、いつもお母《かあ》さんとお父《とう》さんがしている家事《かじ》は、からだを使《つか》ってするものばかり。どういうふうにからだを使《つか》うか、ときには手伝《てつだ》ってたしかめてみよう。

ふとんを干《ほ》す

大《おお》きなふとんを太陽《たいよう》がよく当《あ》たるベランダなどに持《も》っていく。足元《あしもと》が見《み》えないので、段《だん》を上《あ》がったり下《さ》がったりするだけでも大変《たいへん》だ。

ゴミを出《だ》す

家《いえ》のなかにあるゴミを集《あつ》めて、ゴミ袋《ぶくろ》につめる。地域《ちいき》によっては、ゴミの種類《しゅるい》で分別《ぶんべつ》して、集《あつ》めたゴミを近《ちか》くのゴミ収集所《しゅうしゅうじょ》まで持《も》っていく。

日曜大工《にちようだいく》

家《いえ》のなかのちょっとしたものを、自分《じぶん》でつくったり、修理《しゅうり》したりすること。木《き》をのこぎりで切《き》ったり、くぎを打《う》ったり、ヤスリをかけたりする。

子育《こそだ》て

赤《あか》ちゃんを抱《だ》っこしたり、おんぶしたりするためにはからだの力《ちから》が必要《ひつよう》。赤《あか》ちゃんを抱《かか》えながら外出《がいしゅつ》するのはさらに大変《たいへん》だ。子育《こそだ》ては体力勝負《たいりょくしょうぶ》でもある。

掃除《そうじ》

ほうきや掃除機《そうじき》で床《ゆか》をきれいにしたり、ぞうきんでたなをふいたりする。お風呂《ふろ》やトイレなど、家《いえ》のなかをぜんぶ掃除《そうじ》したら、ぐったり疲《つか》れてしまう。

窓《まど》ふき

窓《まど》ガラスをぞうきんなどでふくのは、いがいとうでの力《ちから》を使《つか》う。とくに高《たか》いところは、より力《ちから》が必要《ひつよう》。窓《まど》ガラスを１枚《まい》ふいただけで、うでに力《ちから》が入《はい》らなくなることも。

洗《せん》たく

洗《せん》たく機《き》で洗《あら》った服《ふく》やタオルなどをベランダなどに運《はこ》び、ひとつずつ干《ほ》していく。洗《せん》たくものをとりこんだり、たたんで片《かた》づけたりするのも運動《うんどう》だ。

料理《りょうり》

スーパーなどで買《か》ったものを持《も》って帰《かえ》るのにも体力《たいりょく》がいる。メニューを決《き》めたり、どういう順番《じゅんばん》で調理《ちょうり》するのかを考《かんが》えたりするので頭《あたま》も使《つか》う。

おわりに

平尾《ひらお》 剛《つよし》

からだを使《つか》ってなにかをするのが運動《うんどう》です。歩《ある》く、走《はし》る、とぶ、左右《さゆう》に跳《は》ねる、投《な》げる、ける、バットやラケットを使《つか》ってボールを打《う》ち返《かえ》すなど、ぼくたちのからだはいろいろな動《うご》きができます。生《う》まれたばかりのころからすれば、ずいぶん「できること」が増《ふ》えました。

赤《あか》ちゃんのころは歩《ある》くこともままならず、移動《いどう》するためにはお父《とう》さんやお母《かあ》さんに抱《だ》っこしてもらわなければなりませんでした。ものを食《た》べることすらできないのですから、そもそも赤《あか》ちゃんはまわりにいる大人《おとな》の助《たす》けがなければ生《い》きていくことができません。唯一《ゆいいつ》できるのは泣《な》くことだけ。それ以外《いがい》のことはすべて、親《おや》をはじめとするまわりの大人《おとな》がかかわりに行《おこな》ってくれます。

寝返《ねがえ》りを打《う》ち、ハイハイをし、つかまり立《だ》ちを経《へ》て、やがて歩《ある》けるようになると、行動範囲《こうどうはんい》は広《ひろ》がります。やがてブランコに乗《の》る、すべり台《だい》をすべる、自転車《じてんしゃ》に乗《の》る、いきおいよく階段《かいだん》を上《のぼ》り下《お》りする、スキップするなどの大《おお》きな動《うご》きはもちろん、お箸《はし》を持《も》つ、字《じ》を書《か》く、ハサミを使《つか》う、ひもを結《むす》ぶなどの指先《ゆびさき》を器用《きよう》に使《つか》わないとできないことも、大人《おとな》に教《おそ》わりながらできるようになる。

言葉《ことば》を話《はな》すこともそうです。口《くち》を大《おお》きく開《ひら》いて声帯《せいたい》を震《ふる》わせないと声《こえ》を発《はっ》せないし、単語《たんご》をていねいにつなげないと言《い》いたいことが相手《あいて》に伝《つた》わらない。大人《おとな》の口《くち》まねをするなかでぼくたちはだんだん話《はなし》ができるようになった。

こうしたことがいまではできます。わりと簡単《かんたん》に。

でも、いつの間《ま》にかできるようになったことって、どうやって身《み》についたのかがよくわかりません。よく覚《おぼ》えていない。だから自動的《じどうてき》にできるようになったとつい思《おも》いがちだけど、本当《ほんとう》はそうじゃない。できるようになりたいと強《つよ》く望《のぞ》み、できないことへの苛立《いらだ》ちを乗《の》り越《こ》えたから、できるようになった。失敗《しっぱい》してもあきらめずに試行錯誤《しこうさくご》をくり返《かえ》し、根気強《こんきづよ》く何《なん》度《ど》も挑戦《ちょうせん》したから、できた。

赤《あか》ちゃんは落《お》ちこんだりしません。「失敗《しっぱい》したらはずかしい」なんてためらうこともなく、興味《きょうみ》あることにひたすらまっすぐに向《む》かう。失敗《しっぱい》を意《い》に介《かい》さないタフさが、自我《じが》が芽生《めば》えていない赤《あか》ちゃんにはある。他人《たにん》の目《め》を気《き》にせず、他人《たにん》と比《くら》べられても気《き》にしない。

たぶん赤《あか》ちゃんは運動《うんどう》を本能的《ほんのうてき》に、純《じゅん》粋《すい》な気持《きも》ちでたのしんでいる。できないことが次々《つぎつぎ》とできるようになっていくその道《みち》のりを、全身《ぜんしん》で喜《よろこ》んでいるんです。

「でももういまは赤《あか》ちゃんじゃないし、そんな単純《たんじゅん》にはいかないよ」と思《おも》うかもしれない。「運動《うんどう》するのってたのしいだけじゃなく、しんどいから好《す》きじゃない」という人《ひと》もいるかもしれない。

たしかに運動《うんどう》は単純《たんじゅん》じゃないし、たのしいだけじゃない。練習《れんしゅう》してもできなくて、失敗《しっぱい》がつづけば自信《じしん》をなくして投《な》げ出《だ》したくなるときもある。赤《あか》ちゃんのときの純粋《じゅんすい》な気持《きも》ちなんて忘《わす》れていたって当然《とうぜん》だ。でもね、いま生《い》きているだれもがみんな、昔《むかし》は赤《あか》ちゃんだった。

からだを動《うご》かすことにこの上《うえ》ない喜《よろこ》びを感《かん》じていた時代《じだい》が、ぼくたちにはあった。からだをぐるりと反転《はんてん》させて寝返《ねがえ》りを打《う》ったときのなんとも言《い》えない体感《たいかん》、つかまり立《だ》ちができたときに全身《ぜんしん》を支《ささ》える両脚《りょうあし》の緊張《きんちょう》、ハイハイをしたときの連《れん》続的《ぞくてき》な視界《しかい》の変化《へんか》、二本《にほん》の脚《あし》でバランスをとりながら歩《ある》くときのからだ全体《ぜんたい》の揺《ゆ》らぎなど、できないことができるようになったときに生《う》まれる身体実感《しんたいじっかん》は、頭《あたま》では覚《おぼ》えていなくても確実《かくじつ》にこの身《み》に刻《きざ》まれている。

本能的《ほんのうてき》に、ぼくたちのからだは、運動《うんどう》を求《もと》めている。

「できた、できない」はそう大《おお》きな問題《もんだい》ではありません。「できるようになるためにがんばる」という心《こころ》がけがあればそれでいい。そうして努力《どりょく》をつづけるなかでぼくたちのからだはバージョンアップしていく。うまくいかなくて、しんどくなるときももちろんある。でも、それもやがてできるようになるためのステップで、そこであきらめることなく、ただたのしめばいい。だってぼくたちはそうしていままで成長《せいちょう》してきたんだから。

そして、幼《おさな》い子《こ》どもが運動《うんどう》をたのしむために大切《たいせつ》になるのが、側《そば》にいる大人《おとな》の態度《たいど》です。結果《けっか》ばかりを気《き》にかけるのではなく、プロセスそのものを温《あたた》かい目《め》で見守《みまも》る。ほめもせず、叱《しか》りもせずに、努《ど》力《りょく》するその姿勢《しせい》をただ認《みと》めるという接《せっ》し方《かた》が、発達途上《はったつとじょう》の子《こ》どもには重要《じゅうよう》となります。いつか化《ば》けるその日《ひ》をたのしみに、長《なが》い目《め》で見《み》つめる大人《おとな》のまなざしこそが子《こ》どもの成長《せいちょう》を後押《あとお》しするのです。

運動《うんどう》はたのしい。そのたのしさを「このからだ」はすでに知《し》っている。からだの奥深《おくふか》くに沁《し》みこんだこのたのしさを子《こ》どもも大人《おとな》も思《おも》い出《だ》せるように、この本《ほん》をつくりました。だからぜひ親子《おやこ》いっしょに読《よ》んでいただきたいと思《おも》います。読《よ》み進《すす》めるなかでからだがウズウズして、「なんだかわくわくする」と感《かん》じていただけたのなら望外《ぼうがい》の喜《よろこ》びです。

この本《ほん》をつくるときに参《さん》考《こう》にした本《ほん》

どこでもできるスポーツ

トム・シュナイダー・著《ちょ》

堂浦恵津子《どううらえつこ》・訳《やく》（晶文社《しょうぶんしゃ》）

古武術《こぶじゅつ》 for SPORTS キッズ編《へん》

高橋圭三《たかはしけいぞう》・著《ちょ》（ベースボール・マガジン社《しゃ》）

近くて遠いこの身体

平尾剛・著（ミシマ社）

体と心がラクになる「和」のウォーキング

安田登・著（祥伝社）

図説 日本泳法 12流派の秘法

日本水泳連盟・監修、白山源三郎・編（日貿出版社）

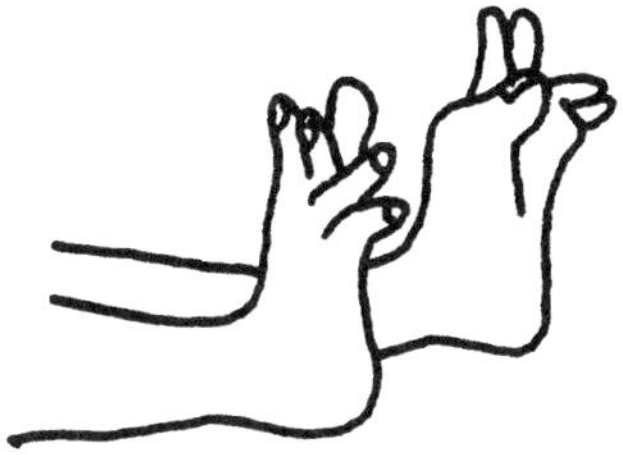

こどものための実用《じつよう》シリーズ

たのしいうんどう

監修　平尾剛

編著　朝日新聞出版

発行者　今田俊

発行所　朝日新聞出版

〒104-8011 東京都中央区築地5-3-2

電話 (03)5541-8996 (編集)

(03)5540-7793 (販売)

印刷所　大日本印刷株式会社

ISBN　978-4-02-333151-8

〈監修〉

平尾剛　ひらお・つよし

1975年大阪生まれ。神戸親和女子大学発達教育学部准教授。専門は、スポーツ教育と身体論。

同志社大学、三菱自動車工業京都、神戸製鋼コベルコスティーラーズに所属し、1999年第４回ラグビーW杯日本代表に選出された。2007年に現役引退。著書に『近くて遠いこの身体』（ミシマ社）、内田樹氏との共著に『ぼくらの身体修行論』（朝日文庫）、『合気道とラグビーを貫くもの』（朝日新書）がある。現在、朝日新聞など各紙でコラムを連載中。

〈スタッフ〉

挿絵　たけなみゆうこ

矢萩多聞（p.170）

装丁・レイアウト　矢萩多聞

DTP　いわながさとこ

企画・編集制作　森秀治（毬藻舎）

編集　白方美樹(朝日新聞出版　生活・文化編集部)

こどものための実《じつ》用《よう》シリーズ

子《こ》どもがわくわくした気持《きも》ちで毎日《まいにち》を生《い》きる。そのために、子《こ》どもたちにとって、ほんとうに必要《ひつよう》なのはどんな知識《ちしき》だろう？

子《こ》ども時代《じだい》は、大人《おとな》になる修行《しゅぎょう》やガマンのための期間《きかん》ではない。子《こ》どもにも大人《おとな》と同《おな》じように、「いま」をいきいきと豊《ゆた》かに生《い》きてほしい。

子《こ》どものうちから、こんなことを知《し》りたかった、考《かんが》えておきたかった、ためしてみたかった。学校《がっこう》のルールや枠組《わくぐ》みから少《すこ》しはなれた視点《してん》から、「子《こ》どものくらし」にまつわる実用情報《じつようじょうほう》を集《あつ》めたのが本《ほん》シリーズ。

子《こ》どもも大人《おとな》も、みんなでたのしく読《よ》んでください。